西南交通大学中文教育教学成果丛书

润物无声：中文专业课程思政与教学实践探索

主　编　刘占祥

副主编　刘玉珺

西南交通大学出版社
·成　都·

图书在版编目（CIP）数据

润物无声：中文专业课程思政与教学实践探索 / 刘占祥主编. -- 成都：西南交通大学出版社，2024.8.
ISBN 978-7-5774-0052-5

Ⅰ．G641

中国国家版本馆 CIP 数据核字第 2024JS7468 号

Runwu Wusheng：Zhongwen Zhuanye Kecheng Sizheng yu Jiaoxue Shijian Tansuo
润物无声：中文专业课程思政与教学实践探索

主　编／刘占祥	策划编辑／罗俊亮
副主编／刘玉珺	责任编辑／居碧娟
	封面设计／GT 工作室

西南交通大学出版社出版发行
（四川省成都市金牛区二环路北一段 111 号西南交通大学创新大厦 21 楼　610031）
营销部电话：028-87600564　　028-87600533
网址：http://www.xnjdcbs.com
印刷：成都蜀通印务有限责任公司

成品尺寸　170 mm×240 mm
印张　12.5　　字数　179 千
版次　2024 年 8 月第 1 版　　印次　2024 年 8 月第 1 次

书号　ISBN 978-7-5774-0052-5
定价　68.00 元

图书如有印装质量问题　本社负责退换
版权所有　盗版必究　举报电话：028-87600562

前 言
PREFACE

众所周知，改革开放后，一般意义上的本科教学中曾产生过一些宝贵的教育理念，例如"知识、能力、素质协调发展"，"智力教育和非智力教育相结合"，等等。而今，中国特色社会主义进入新时代，党和国家从"培养什么样的人、如何培养人以及为谁培养人"的高度，对大学教育又提出了新要求，希望高等教育工作者更加注重把立德树人作为中心环节，把思想政治工作贯穿教育教学全过程，实现全程育人、全方位育人。

近年来，西南交通大学人文学院中文系的教育教学改革正是按照上述新要求，继承传统，勇于创新，围绕知识探究、能力提高、素质提升、价值塑造、人格养成各要素及环节，立足课程思政、教学内容、教学实践进行了卓有成效的探索。这部论文集毋宁说正是老师们开展系列教育教学改革的成果展示，凝结着他们的智慧、心血与汗水。

课程思政类论文是这部论文集的重要成果。所谓课程思政，就是要以构建全员、全程、全课程育人格局的形式将各类课程与思想政治理论课同向同行，实现"立德树人"这一教育的根本任务。老师们深度思考和探索了中文教学如何落实课程思政，怎样在自己的教学中将诸多思政元素与专业课程进行有机融合。例如，有的老师从"汉文化圈"视角切入，从价值塑造、知识传授和文化传承三个方面积极探讨如何发掘海外汉学资源，提升中国古代文学课程思政的内涵。有的老师立足于汉字正字观与汉语言文字学教学，着力明晰汉字发展史，树立正字观，切实增强大学生的民族自信和文化自信。有的老师带领学生研读抗战节庆与文学书写，以此涵育并厚植大学生家国情怀。有的老师带领学生广泛阅读、学习、欣赏、传播生态文学，以提升其生态素养，形塑其生态品格，进而成为自觉守护人与自然生命共同体的中坚力量。有的老师开设"名家名篇与人文关怀"课程，探讨文学类通识教育中融入课程思政元素的体系、路径和方法，增强学生的国家意识、民族意识，强化文化自信，塑造其价值观。有的老师针对作为"数字原住民"的大学生学习动力不足、对学习内容兴趣弱、学分意识异化等问题，从"阅读和旅行"课程教学切入，以"学、思、悟、达"的审视自觉探讨通识课程建设中"大思政课"理念的实践运用……凡此种种，均紧扣课程思政这一主题，深入挖掘专业课中的思政元素，在古今时间维度、中外空间维度下含英咀华，悉心备至，展其才，传其道。

论文集的另一类重要成果涉及课程内容的探讨。例如，有老师直面现实问题，从现代写作学的视角重新审视当下高校写作教学，提出了建构新型写作课程体系的设想。还有老师以多年文学批评实践与大学写作教学实践为据，提出从模仿写作到自主写作的几种应对原则与方法，为中文专业学生及写作新手的文学习作阶段提供一些可供实践训练的方法；也有老师深入探索新文科视野下"比较诗学"的教学内容，认为比较诗学研究应包括"以中释西""以古释今""跨媒介诗学"和"总体诗学"四个部分；还有老师以校史剧为切入点，探讨以文化育人为目标的高校思想政治教育新策略。上述课程内容类论文体现出强烈的问题意识和问题导向，有深度、有宽度，也有高度。

教学实践类论文也是论文集的重要成果之一。古人云："大学之道，在明明德，在亲民，在止于至善。"追求至善的大学教育，当然须注重知行合一，理论与实践相统一。体现于中文专业教育教学实践，则更应重视语言、审美、文化三个层面的积淀、赓续、传承和创新。本论文集的教学实践类论文，展现出以教师为主导、以学生为主体的价值导向；老师们广泛运用讨论式、互动式、案例式、启发式等教学方式，并立足中国式现代化，以面向世界、面向未来的视野，将教学实践中的点点滴滴心得提炼和升华为一篇篇教改学术论文。这对于如何推进中文教育乃至全人教育的启迪价值是毋庸置疑的。如《川西少数民族多语社区的语言认同与社区语言教学研究》《在中文专业进行杜甫诗歌经典阅读的实践与思考》《新诗写作教学札记》《新媒介时代的外国文学教学改革探索》《"后理论"时代的"文学理论"课程教学》《作为一种美育实践的高校抗战历史剧》，等等。

2020年，教育部印发了《新文科建设宣言》，对新文科建设作出全面部署。由此，"新文科"已成为中国大学教育改革的重要方向。同时，在西南交通大学办文科，还须兼顾本校以工为主、多学科发展的历史传统。中文系老师们开展的教改工作，实际上不仅遵循了新时代新文科的新要求，同时也照应了本校的办学定位和学科特色，他们的教改论文，一定程度上在上述两个方面均有所体现。

为学生点亮理想的灯、照亮前行的路，从来都是师者的光荣使命。如今，我校中文系老师们捧出了数年致力于教育教改的心血之作——一部沉甸甸的论文集，我不敢说这些论文尽善尽美，但我想说，这些凝结着大家辛苦劳动的论文，恰如一束束烛光，虽不耀眼，但足以照亮一方天地！

西南交通大学人文学院执行院长　刘占祥

二〇二四年三月

目 录
CONTENTS

课程思政

- 从汉文化圈视角提升中国古代文学课程思政内蕴的探索与思考
  ………………………………………………………… 刘玉珺 / 002
- 抗战文学的节庆书写与大学生家国情怀的涵育之道……… 高　强 / 014
- 汉字正字观与汉语言文字学教学………………………… 周　阳 / 028
- 谈生态文学的内涵对于公众生态文明素养培养的作用与价值
  ——以《瓦尔登湖》为例………………………… 胡志红 / 038
- 文学类通识课的思政教育模式建构
  ——以"名家名篇与人文关怀"为例………… 余夏云　刘禹杉 / 051
- 通识课程建设中"大思政课"理念的实践运用
  ——以西南交通大学"悦读与旅行"课程为例
  ………………… 杨都强　郭立昌　余　卉　李艳梅 / 061

教学内容

- 基于写作能力迁移的大学写作课程的构建………………… 周东升 / 072
- 创意写作实践中的自主性原则
  ——兼谈大学写作教学中的方法与对策………… 吴德利 / 086
- 新文科视野下"比较诗学"教学内容研究………………… 董首一 / 099
- 校史剧：以文化育人为目标的高校思想政治教育新策略
  ………………………………………………………… 周珉佳 / 118

教学实践

- 川西少数民族多语社区的语言认同与社区语言教学研究
  ……………………………………………… 赵　静　陶雁茹 / 130
- 在中文专业进行杜甫诗歌经典阅读的实践与思考
  ……………………………………………… 罗　宁　吴龙鑫 / 143
- 新诗写作教学札记………………………………… 周东升 / 156
- 新媒介时代的外国文学教学改革探索……………… 阮　航 / 165
- "后理论"时代的"文学理论"课程教学…………… 王长才 / 175
- 作为一种美育实践的高校抗战历史剧……………… 周珉佳 / 186

课程思政

从汉文化圈视角提升中国古代文学课程思政内蕴的探索与思考*

刘玉珺

【提　要】中国古代文学课程内容本身就是中华优秀传统文化的组成部分，但在"课程思政"这一高校思想政治工作的新理念之下，也有必要重新挖掘其课程的思政内蕴。以汉文化圈为视角，从价值塑造、知识传授和文化传承三个方面进行探索：从汉文化圈的形成出发，以开放的眼光发现和探索中国原理，总结出完全不同于西方的知识创造方式；探寻中国文学在域外的深远影响，完善专业知识传授体系，更好地阐释中国价值观对具有人类文明共通性的价值观塑造；描绘丰富的东亚文学交流场景，追寻中国文化走出去的历史路径，引导学生将个人价值实现与国家重大社会需求相结合。

【关键词】汉文化圈；中国古代文学；课程思政

一、引　言

2020年6月，教育部印发的关于课程思政的纲领性文件《高等学校课程思政建设指导纲要》（以下简称《纲要》）指出："课程思政建设内容要紧紧围绕坚定学生理想信念，以爱党、爱国、爱社会主义、爱人民、爱集体为主线，围绕政治认同、家国情怀、文化素养、宪法法治意识、道德修养等重点

---

* 本文为西南交通大学本科教育教学研究改革项目"以经典研读为核心，理论基础与实践能力并进的中文一流本科人才培养模式改革"（20201048）、"中国古代文学"课程思政建设项目阶段性成果（SZ20211029）。

优化课程思政内容供给，系统进行中国特色社会主义和中国梦教育、社会主义核心价值观教育、法治教育、劳动教育、心理健康教育、中华优秀传统文化教育。"①在课程思政这一全新课程观中，加强中华优秀传统文化教育是重点内容之一。对中国古代文学课程来说，不仅本身的教学内容就是中华优秀传统文化教育的一个组成部分，而且凡能进入文学史教材的古代文学作品，无不体现着中华民族璀璨的文化成就和审美积淀。从自沉汨罗江以身殉国的屈原到不为五斗米折腰的陶渊明，从心系苍生、胸怀国事的杜甫到从容就义、誓死不屈的文天祥……一部中国古代文学史也可以说是一部中华民族精神史，其内容天然就具有强化学生家国情怀、提升传统文化素养的积极作用。

  课程思政是新时代党和国家对高等教育提出的新要求，体现的是一种全新的课程观。那么，在授课内容上已经天然具有优势的中国古代文学课程，要如何守好自己的这段渠和这亩责任田呢？我们认为中国古代文学课程亟须突破已有的知识体系，基于却又不局限于学习专业知识、提升文化素养的一般教学目的，将之扩展到引导学生利用更为丰富的新资料，主动挖掘中国传统文化的民族精神和时代价值，培育国际视野和中国思维并具的新时代优秀中文人才，以期更深层次地调动、展现中国古代文学课程的思政赋能。

  中国古代文学课程学习、研究的对象是中国上古至近代的文学，其内容包括中国古代各个时期各种文体的嬗变、发展，作家、作品、作家群体和文学流派，文学理论与文学批评等。最近 20 余年，一门新兴的学科"东亚汉籍研究"方兴未艾，不仅极大地推动了中国学术界在更宽广的视野下审视汉文学发生发展的历史进程，同时展现了中国古代文学作为汉语言文学专业的核心基础课在课程思政方面所能探索的广阔空间。本文拟按照《纲要》提出的要求，从价值塑造、知识传授和文化传承三个方面，从"汉文化圈"的视角出发，将东亚汉籍作为教学新资料，关于挖掘、提升中国古代文学课程思政内蕴做一些抛砖引玉的阐述与探索。

---

① 教育部关于印发《高等学校课程思政建设指导纲要》的通知[EB/OL]. (2020-06-05)[2022-01-19]. http://www.moe.gov.cn/srcsite/A08/s7056/202006/t20200603_462437.html.

二、汉文化圈的形成：发现中国原理，实现新时代的价值引领

中国的现代学术体系和高等教育体制是在西方的影响和启发下形成的，中国古代文学学科概莫能外。虽然学科的研究和课堂讲授对象仍是本土的，但学科概念和术语仍不免烙下了西方的印记。日本学者沟口雄三曾说："迄今为止，特别是近代以来，以欧洲的视角来看待中国乃至亚洲，已是很一般的事情。"[①]中国学者也指出："回顾百年来的中国学术，除去文献、人物和史实的考辨，其学术方法、理论框架以及提问方式，占据主流的都是'西方式'的或曰'外来'的。因此，当代学术面临的最大问题，就是如何反省西方学术（主要是'汉学'）对中国学术的影响和改造，中国学人能否提出并实践一种有别于西方的理论与方法，发现一个东方的、亚洲的、中国的知识生产方式。"为此还提出了"作为方法的汉文化圈"的学术理念和解决路径。[②]这一学术理念的实践，强调了把汉字文献当作一个整体的国际视野，从根本上将对包括中国古代文学在内的整个中国古典学产生深刻影响。

所谓的"汉文化圈"，即以中国为中心，包括周边的朝鲜、日本、越南等国家与地区所形成的一个以中国文明为中心而又自我完成的文化圈。它也曾以"东亚世界""东亚文明"的提法出现于各类著述中。日本学者西嶋定生在《东亚世界的形成》一文中指出，构成汉文化圈的要素可归纳为汉字、儒教、律令制、佛教四项，又说："其变化乃至独自性，是与中国文明相关联而呈现出来的现象，因而共通性并非抹杀民族特质，相反民族性的特质以中国文明为媒体从而具备了共通性。"[③]这段话客观地指出了中国文明是汉文化圈的核心。从时间概念来说，汉文化圈以汉字为基础，从汉代起逐步在东亚形成的文明共同体，一直持续至 19 世纪中叶。我们从汉文化圈的视角来探索中国古代文学的课程思政将会对学生的价值塑造起到积极作用。

---

① 沟口雄三. 日本人视野中的中国学[M]. 李苏平，等，译. 北京：中国人民大学出版社，1996：17.
② 张伯伟. 再谈作为方法的汉文化圈[J]. 文学遗产，2014（2）：114.
③ 刘俊文. 日本学者研究中国史论著选择（第 2 卷）[M]. 高明士，等，译. 北京：中华书局，1993：88-92.

首先，有利于学生更深刻地认识、体会到中华文明的价值，感受到汉文化所具有的强大生命力和内聚力，从而增强文化自信。

在西嶋定生所谈到四个汉文化圈构成要素中，汉字是中国古代文学最基本的记录工具和传播载体，是汉文化圈的形成和内部交流的基础，也造就了汉文学在东亚各国古典文学中的重要地位。从汉代起，汉字逐步传入越南、朝鲜、日本。日本虽然在公元8世纪和9世纪分别出现了片假名和平假名，但是前者采用汉字偏旁，后者由汉字草书而来，至今日文中仍保留了相当数量的"当用汉字"。朝鲜直到1446年才由世宗创立谚文，此后汉字继续在朝鲜半岛流行，汉文学仍然在朝鲜古典文学中占据着主流的地位。汉字作为越南正式文字的历史彻底结束于1945年越南民主共和国成立。日本的"假名"是相对于汉字这一"真字"而产生的称呼；越南曾参照汉字六书造字法，用汉字的偏旁部首拼合越南语的语音，创制了"喃字"，意为"通俗的文字"，而汉字则被称为"儒字"。可见，汉字在东亚各国流传和使用的悠久历史，以及真与假、雅与俗的区别，都充分展现了中华文明持久的影响力和东亚各国曾经对汉字所持的尊崇态度。这也意味着汉文学绝不仅是"中国文学"的代名词，它曾经是整个东亚共有的、超越国界的精神文明的结晶。语言学家和历史学家常常把欧洲的"拉丁文"世界与东亚的"汉字"世界相提并论。罗兹·墨菲说："在欧洲和东亚，拉丁语和中文分别象征着各自地区内在的文化统一。"[1]史蒂文·罗杰·费希尔也说："汉语成了东亚的'拉丁语'，对所有的文化产生了启迪，其程度远远超过了拉丁语在西方的影响。"[2]二人所说的"中文"和"汉语"，本质上指的就是"汉字书面语"。无论是从时间、空间还是在社会细胞中的渗透，或者仅仅依据现存域外汉籍的种类和数量，汉字的影响力都远远超过拉丁文。[3]

其次，有利于帮助学生理性地反思西方文明对东亚的改造和影响，从而去寻找、总结隐藏于东亚古典学之中的、与西方原理相对立的中国原理。

---

[1] 罗兹·墨菲. 东亚史[M]. 林震，译. 北京：世界图书出版公司，2012：2.
[2] 史蒂文·罗杰·费希尔. 阅读的历史[M]. 李瑞林，等，译. 北京：商务印书馆，2009：93.
[3] 张伯伟. 汉字的魔力——朝鲜时代女性诗文新考察[J]. 中国社会科学，2018（3）：164.

近代以来中国落后挨打的苦难史，使得中国近百年的文化发展一直不断地反思自我、批判自我，逐渐脱离了传统中国的知识样式，转而采纳西方现代性的知识体系。作为中国传统文化重要组成部分的中国古代文学，其学科体系的建立与发展，在文学理论、体裁、术语、观念等方面普遍受到西方的影响，不仅思辨、阐释、论述、解读等方面采用的是西方的基本法则，甚至连论文结构形式、注释、参考文献格式、章节标号等，都以西方建立的所谓的国际标准为规范。基于中国传统文化的文学话语都有意无意间被忽略或遗弃了。例如有学者如此描述中国古代文学理论的话语缺失：

> 这种理论的贫乏，理论话语的失落，不仅仅表现在现当代，古代文化研究同样如此。仅以古代文学为例，长期以来，人们几乎习惯了用西方文论话语来阐释中国古代文学，例如用现实主义阐释杜甫、白居易，用浪漫主义阐释屈原与李白。有人将这种西律中式的套用称之为中国文化的失语症。①

当然类似的文化现象在东亚普遍存在，早在20世纪80年代，法国汉学家汪迈德就曾指出："自上世纪中叶以来的汉文化诸国和地区的历史，就是一部汉文化诸国和地区为发展而西化，由西化而日益淡化自己的文化传统的历史。"②

随着改革开放以来四十多年的发展，中国用一种完全不同于西方的经济发展模式取得了让世界瞩目的巨大成功，也日益发现机械地照搬西方的理论和视角，并不能很好地解决一切问题。正如习近平总书记所说："一切刻舟求剑、照猫画虎、生搬硬套、依样画葫芦的做法都是无济于事的。"③对于学术与文化而言，我们也需意识到，在寻求实现中国学术现代转型的道路上，曾经对西方现代性知识体系亦步亦趋的模仿在很大程度上制约了具有中国特色的传统知识体系的建构，我们应当"从中国的内部，结合中国实际来考

---

① 曹顺庆. 21世纪中国文化发展战略与重建中国文论话语[C].//梁潮. 东方丛刊（第13辑）. 桂林：广西师范大学出版社，1995：216.
② 汪德迈. 新汉文化圈[M]. 陈彦，译. 南昌：江西人民出版社，1993：105.
③ 习近平. 在哲学社会科学工作座谈会上的讲话[N]. 光明日报，2016-05-19（1）.

察中国，并想要发现一个和欧洲原理相对应的中国原理"。①具体到中国古代文学学科，那就是摆脱一乡一国的狭小视野，从汉文化圈的角度来探索流散在东亚各国的浩如烟海的域外汉籍，正是寻找这样一个中国原理的重要新资料，向我们展示了中国古代文学曾在世界文明史上做出的巨大贡献，这个中国传统文化的重要组成部分曾超越政治、经济、民族、地理等差异，发挥了文明种子和文化核心的重要作用，成为最具中国特色又具有东亚共通性的精神遗产，代表了一种完全不同于西方的知识创造方式和存在样式。

三、域外文学的中国影响：完善知识传授体系，讲好中国故事

汉字在东亚各国的广泛使用为中华文明的域外传播提供了一个基础而又重要的通道，由此我们的文学、历史、哲学都随着这个通道源源不断地传入汉文化圈各国。在政治上，古代东亚世界甚至形成了以中国为中心的"天下秩序"，使得中原王朝曾经成为东亚诸国的政治中心。在这样的背景下，中国古代文学也超越了"中国"的地理边界，传播到了整个汉文化圈。反过来，我们从东亚各国文人用汉字创作的各类文学作品中，不仅可以深刻地观察到中国文学的巨大影响力，而且可以完善我们原来的中国古代文学知识传授体系。这些具有东亚共性的新知，又为我们讲好中国故事，提供了更加丰富和更具说服力的素材。以下我们将以杜甫为个案，以一斑而窥全豹。

首先，从专业知识完善的角度探讨。在中国杜甫是一位妇孺皆知的著名诗人，任何一本中国古代文学史教材都将他作为重要的编写对象，以专章介绍他的生平、创作历程、艺术成就、文学影响等内容。其中杜甫在诗歌发展史上的地位和影响，更是每部文学史教材不可回避的内容，例如袁行霈主编《中国文学史》第二卷第四章《杜甫》这样写道：

> 从唐诗的发展看，杜甫是一位承先启后的人物。杜诗是唐诗发展一个转折。由于杜诗兼备众体而又自铸伟辞，积累了极其丰富的

---

① 沟口雄三. 日本人视野中的中国学[M]. 李苏平，等，译. 北京：中国人民大学出版社，1996：94.

艺术经验，有许多的层面，这也就为后来者的进一步发展提供了各种可能。……他们都学杜甫的一枝一节，而开拓出新的诗派。宋以后，杜甫的地位更高，他在诗史上的影响，历千年而不衰。①

袁世硕、陈文新主编的马克思主义理论研究和建设工程教材《中国古代文学史》中册第四章"杜甫"也说："杜甫继承唐前写实叙事的传统并加以创变，对后世产生极大影响"，"杜甫精湛的诗歌艺术泽被后世诸多诗人，从古代诗歌艺术的发展来看，从中唐至明清，历代诗人中受杜甫影响者非常多"。②这两种在学术界具有代表性的教材，均只在中国文学的范围内对杜甫的文学地位作了总结和评价。然而如果我们利用域外汉籍的丰富资料，从汉文化圈的视角来看，会发现不仅杜甫在中国诗歌史上具有伟大的地位，而且杜诗也是东亚各国的文学典范。

在越南，我们可以看到诸多在杜诗影响下完成的作品。如李朝陈光朝《题福城祠堂》一诗即仿照杜甫《蜀相》而作，诗曰：

云物悠悠岁月深，祠堂两畔柏森森。花凝宿雨千行泪，月印寒潭一片心。台下草分今日路，松中鹤识旧时琴。夜来记得灯前梦，海阔山高何处寻。

杜、陈二诗皆是题写祠堂之作，陈诗的"祠堂两畔柏森森"仿自杜诗"锦官城外柏森森"；从结构来看，二诗颔联均写景，杜诗云"映阶碧草""隔叶黄鹂"，陈诗则云"花凝宿雨""月印寒潭"；杜诗开篇即发问"丞相祠堂何处寻"，陈诗则仿以"海阔山高何处寻"束尾。在朝鲜半岛，甚至连君主也推崇杜诗，金䜣《翻译杜诗序》引李成宗之语：

大哉，诗之教也！《三百》以降，惟唐最盛，而杜子美作为首，上薄风雅，下该沈、宋，集诸家之所长而大成焉。诗至子美，可谓至矣！③

日本德川初期幕府儒官林春斋《畀尾退》亦云："诗无盛于唐，唐多才

---

① 袁行霈. 中国文学史[M]. 北京：高等教育出版社，2014：244.
② 袁世硕，陈文新. 中国古代文学史（中册）[M]. 北京：高等教育出版社，2018：13-14.
③ 金䜣. 颜乐堂集（卷二）[Z]//韩国文集丛刊（第15册）. 汉城：景仁文化社，1990：241.

子，以子美为最。"①在浩如烟海的域外汉籍中，关于杜诗的模仿、次韵之作，对杜诗的评价、鉴赏俯拾皆是。这表明，杜甫不仅是中国诗歌史上最伟大的诗人，也曾深刻地影响了越南、朝鲜、日本汉诗的创作和发展，成为东亚诸国古代汉诗的创作圭臬。因此，从这个意义来看，杜甫不仅仅是属于中国的，也是属于世界的，杜诗在东亚各国的广泛流传，其本身就是向世界讲述中华民族对人类文明做出巨大贡献的最好实例。

其次，从思想价值挖掘的角度，杜甫在整个汉文化圈都有着不同寻常的意义。专业课中的思政教学，在立足于专业基础知识体系，超越一般性的知识原理之外，还要注重知识的思想价值，使学生在专业知识的学习中，明确并建立正确的人生观、世界观。以往的中国古代文学课堂教学，除诗歌成就之外，杜诗的思想内容和杜甫的道德情操是另一个重要的讲授内容。袁行霈主编的《中国文学史》指出："他（杜甫）的系念国家安危，同情生民疾苦，为历代士人所崇仰，在士人人格的形成上，有不可估量的影响。"②文天祥一生景仰杜甫，视杜甫为楷模，早年在《题梅尉诗轴》中就写下了"忧国杜少陵"的诗句。后又在狱中有集杜诗二百首，表达了他坚持斗争的决心和意志，其《集杜诗序》云："凡吾意所欲言者，子美先为代言之。"③从时间来看，杜甫在中国的影响一直持续不衰；从空间来看，汉文化圈诸国在思想情操上也视杜甫为榜样，并给予了高度的评价。

朝鲜李仁老（1152—1220）《破闲集》评价杜甫曰："虽在一饭，未尝忘君，毅然忠义之节，根于中而发于外，句句无非稷契口中流出，读之足以使懦夫有立志"，④非常重视杜甫忧国爱民的思想。日本伊藤仁斋（1627—1705）《童子问》卷下说："惟杜甫平生忧国爱民，忠愤感激，一皆寓之于诗，世称'诗史'。故杜诗之妙，不在于巧拙之间，而在于真情盈溢，不可歇止。"⑤认

---

① 林春斋.鹅峰学士文集（卷三十七）[Z]//相良亨.近世儒家文集集成，第12卷.东京：ぺりかん社，1997：390.
② 袁行霈.中国文学史[M].北京：高等教育出版社，2014：244.
③ 文天祥.文信国集杜诗，卷首[M].文渊阁《四库全书》本.
④ 赵钟业.修正增补韩国诗话丛编（第1卷）[M].汉城：太学社，1996：51.
⑤ 井上哲次郎，蟹江义丸.日本伦理汇编，卷五[M].东京：育成会1901—1903：158.

为杜诗之妙在于充沛的思想感情而不是诗歌技艺。越南的爱国志士阮尚贤（1868—1925）在壮志难酬的境地下，将杜甫作为自身的参照，他写下了《还山》诗："策马故园云，悠悠云外心。江上试凭眺，不觉复沾襟。玄造机终秘，苍生祸愈深。艰难思报国，惭愧杜陵吟。"当国家处于生死存亡的危急时刻，杜甫的精神不但激励过中国知识分子勇于坚守和担当，也抚慰过异国知识分子痛苦的灵魂。可见，杜甫诗歌中所表现出来的兼济思想与忧民爱国的情怀，早已超出了国界，不仅展示了中华民族的性格、气节和气魄，而且成为了东亚各国文人所尊崇的典范，影响了东亚价值评判体系的建立，构建了人类文明共有的、普遍的精神原则。

四、东亚文学交流：追寻中国文化走出去的历史路径，传承中华文脉

如果我们从汉文化圈的角度来看待中国古代文学的发生发展，不免要去探讨古代汉文学在汉文化圈内部是如何交流传播的。我们将围绕中国古代文学的课程内容，以中越之间的文学交流为切入口进行讨论。文化的核心是价值观念，因此一般意义上的文化交往是不同价值观念的交往，汉文化圈内部的文化交往，却是在相同价值观念下完成的，这势必引发我们对于交流形式和文化传播路径的不同思考。越南后黎朝使臣冯克宽在《答朝鲜国使李睟光》中云："彼此虽殊山海域，渊源同一圣贤书。"阮公沆则在《简朝鲜国使俞集一、李世瑾》中说："威仪共秉周家礼，学问同尊孔氏书。"[1]冯、阮的这两联诗均指出了越朝两国都是尊崇儒家文化的国度，这是彼此互相交流的基础。透过东亚文人丰富多样的文学交流，从思政和现实意义的角度，可以帮助学生认识中国文化走出去的历史路径；从专业知识学习的角度，则可以触摸到一幕幕被主流文学史所掩盖的、鲜活的文学场景。

首先，充分发掘中国文化对其他民族的文化吸引力，重新思考哪些"中国文化"能够成功地"走出去"。

---

[1] 裴辉璧. 皇越诗选，卷五[M]. 越南阮朝希文堂刻本.

在前文我们谈到杜甫这样的一流诗人对东亚文学和思想的影响。但若仅从一流诗人的角度来看待中国文化的影响力是非常片面的。中国文学对异域的影响力绝对不仅限于少数精英和通常被认为的一流作品。例如，在中国古代文学史上，晚清广西壮族诗人黎申产是一位默默无闻的作家，即便是专门性的少数民族文学史，对他的一些作品评价也不高。《壮族文学史》评价黎申产的《妆台百咏》云："把人物的主要事迹组织成篇，爱憎评价渗透于字里行间，作风典丽工整，缺乏生动的气韵。见解平常，并未越出前人的眼界，因而意义不大。"①《妆台百咏》吟咏了中国历史上的一百位女性，此集目前在国内仅存残本，散佚近半。在越南，不但现存有两个足本，还产生了仿作和续作。越南诗人范廷煜不仅给予了《妆台百咏》高度评价，并以180位中国妇女和28位越南妇女为题咏对象，撰成诗集《百战妆台》，还有题为越南"孺生"所撰的续作《增补妆台百咏》。这部作品为什么会在越南产生如此重要的文学影响呢？从外部来说，黎申产曾经到越南游历，与越南文人有广泛而深入的交流，使得这部作品有了异域传播的可能；从文学内部来说，《妆台百咏》不乏典丽工巧、剪裁得当之作，且中国文学史上像《妆台百咏》这般集中地以女性为题咏对象、彰显女性的大型组诗并不多见。

非一流的作家作品在异域产生了文化影响，黎申产的《妆台百咏》并非个案。越南使臣阮攸嘉庆年间出使清朝的过程中，读到了明代青心才人的通俗小说《金云翘传》，回国后创作了同名的喃文诗体小说，这部作品成为越南古典文学的高峰，有"越南《红楼梦》"之美誉。再扩大到整个汉文化圈，瞿佑《剪灯新话》在明代是一部被视作"俗儒假托怪异之事，饰以无根之言"而遭禁毁的书籍。它于15世纪中叶传到朝鲜半岛，金时习随即仿作短篇小说集《金鳌新话》，遂成为朝鲜小说的始祖。16世纪初，越南阮屿则模仿《剪灯新话》，创作了越南本土第一部传奇小说《传奇漫录》。这些均是中华文脉在异域的传承和发展。

培养具有深厚中国文学专业素养、能够承担中国文化走出去重任的现代

---

① 欧阳若修. 壮族文学史[M]. 南宁：广西人民出版社，1986：1018.

化人才,应该是汉语言文学专业学生的重要培养方向。因此,我们不可避免地要引导学生思考这样一个问题:要实现中国文化走出去,我们应该选择哪些作品"走出去"?这些非中国经典造就了异邦经典的例子表明:我们需要具体分析其他国家吸收与借鉴中国文化的原因,深入而又准确地分析中国文化的吸引力所在。正如越南学者陈儒辰所说:"从外来借用以及寻找艺术经验从来都是出于民族文学本身发展需求的工作。"[1]显然,我们的文学教育需要有逆向思维,冲破只从自身的立场看问题的樊篱。唯有把我们想讲的,与国外受众想听的东西结合起来,才能提升中国故事的感召力、影响力和传播力,实现精准的国际化传播。

其次,重新审视中外文化交流的重要群体,重视民间互往和文化个体对于中国文化走出去的意义。

通过我们的研究发现,就文学交流的承担者来说,一大批名不见经传的普通中下层官僚、文人,甚至船主、僧人、医生等各行各业的普通人,都曾经参与过中外文学和往来。例如,越南后黎朝使臣阮宗窐曾两度出使到清朝,他撰于景兴壬戌年(1742)的北使诗文集《使华丛咏集》,有题为金陵张汉昭、淮阴李半村的序文,又云:"江南诗客卓山氏朱评,钦差翰林出身礼部郎中郑壁斋墨评,湖南王居士、胡秀才朱墨评。"这里的金陵张汉昭、淮阴李半村、江南诗客卓山氏、湖南王居士、胡秀才等都是生平无从考的普通人。我们还能从越南燕行录所收录的《别旧船主姓唐》《饯卢医生回安仁郡》《赠锦堂大顺店客》《赠陶和尚一律》等酬赠诗中,看到大量无法知晓生平,甚至连名字都没有留下来的普通百姓。他们作为文化交流的参与者,为我们探讨形成什么样的、常态的文化输出机制提供了新的参照。

长期以来,中国文化走出去的传播主体是政府。英国哲学家、历史学家柯林伍德曾指出,历史并不是"死掉的过去",而是"活着的过去"。[2]中外文化交流的历史提醒我们应当重视民间和个体的作用。随着汉文化圈宗藩体制的解体,世界的格局也发生了巨大的变动。第二次世界大战以后,

---

[1] 陈儒辰. 从十世纪到十九世纪的越南文学[M]. 河内:教育出版社,2012:298.
[2] 柯林伍德. 历史的观念[M]. 北京:商务印书馆,1997:317.

汉文学随着华侨迁徙的步履走出了亚洲，散布在世界各地。我们往前追溯，则在古代的贾客、僧侣那里看到更早的里程碑及其建树者。我们展望未来，也势必会出现新的里程碑和建树者。目前，已有70个国家将中文教学纳入了国民教育体系，这意味着未来中文使用的场域会越来越大。海外中文教育的健康持久发展为民间个体成为中国文化传播主体打下了坚实的基础。中国古代文学课程从一般性学习的角度而言，固然是一门可以帮助学生建立传播中国文化知识结构的专业课程，而从课程思政的角度来看，在向学生展现中外文化交流场景和细节的同时，借势引导学生将专业知识作用于个体价值的实现，并将个体价值的实现与国家、民族的重大需求结合起来，以高度的文化自信和文化自觉，建立起新时代的责任感和使命感，未尝不是一种有益的教学思路。

五、结　语

中国古代文学课程是"汉语言文学"专业的核心课程，我们从汉文圈的视角来挖掘这门课的思政内涵正好契合了它所在专业名称的应有之义。《纲要》指出："要根据不同学科专业的特色和优势，深入研究不同专业的育人目标，深度挖掘提炼专业知识体系中所蕴含的思想价值和精神内涵，科学合理拓展专业课程的广度、深度和温度，从课程所涉专业、行业、国家、国际、文化、历史等角度，增加课程的知识性、人文性，提升引领性、时代性和开放性。"本文正是在这样的指导性、纲领性的意见下，从三个方向进行积极的思考和探索。

第一，从汉文化圈的形成出发，以开放的眼光发现和探索中国原理、重建东方古典学，总结出完全不同于西方的知识创造方式，从而在课程教学中实现新时代的价值引领，这拓展了课程的广度；第二，探寻中国古代文学在域外的影响，以此完善专业知识传授体系，让学生深刻认识到中国文学典范也是东亚文学典范，中国价值观也塑造了具有东亚共通性的人类精神原则，这增加了课程的深度；第三，描绘更为丰富的文学交流场景，追寻中国文化走出去的历史路径，展现东亚各国文人和普通百姓以文会友的人文细节，引导学生传承中华文脉，这提升了课程的温度。

抗战文学的节庆书写与大学生家国情怀的涵育之道

高 强

【提　要】 节庆构成了现代中国历史周期性的特定时刻和意义"制造"方式，抗战时期，节庆与文学书写的关系至为紧密。抗战文学的节庆书写，具体表征为战斗激情抒发、怀旧温情寻觅和现实伤情显露的交织，通过仔细感知品味这三大情绪的表达情形，有助于汲取攻坚克难的精神、对各种错误导向加以警醒批驳、真切树立和平发展的理念。研读抗战文学的节庆书写，最终成为涵育并厚植大学生家国情怀的有效途径。

【关键词】 抗战文学；节庆书写；抗战精神；家国情怀

2020年5月，教育部颁布了《高等学校课程思政建设指导纲要》（以下简称《纲要》），对课程思政的开展明确了路线图。贯彻落实《纲要》精神，要发挥"课堂教学"这一"主渠道"[1]。如何将课程思政元素如盐入水地融化于专业课程讲授过程，是各大高校及各类学科着力思考探究的重心。富含人文精神育人资源、意蕴隽永、润物细无声等特点的文学类专业课程，恰恰是推进新时代高校文学类课程思政健康、可持续发展的有效"场域"。[2] 不过在具体实践过程中，文学专业课程讲授与政治思想培育之间依然显现出彼此分裂的问题，专业知识至上论、思政课程补充论、机械推进填充论等不良倾向与做法并不鲜见。在此背景下，抗战文学的节庆书写或可成为

---

[1] 习近平在全国高校思想政治工作会议上强调：把思想政治工作贯穿教育教学全过程 开创我国高等教育事业发展新局面[N]. 人民日报，2016-12-09.
[2] 王俊虎. 高校文学类课程思政的内涵、困境及实践路径[J]. 延安大学学报（社会科学版），2023：（2）：188-196.

有效开展课程思政教学的独特切口。

　　古今中外，几乎都不乏为了某个特殊事件或特定个人上演的纪念行为，这些纪念行为有的随着时间流逝便凝结成了一个个特定的节日，持续不断地受到庆祝。节庆不光作为历史活动而存在，也是文学表现的重要对象，还是文艺圈子内部的重要活动，尤其是在抗战时期，由于对民族国家认同的强烈需求，节庆的意义变得极为重大，节庆与抗战文学的关联性至为紧密。战时中国作家既曾亲身参与多姿多彩的节庆活动，也对之进行了反复、深入地品咂思索，形成了独特的节庆观感体验，并在他们的文学创作中有着不同程度的反映，折射出战时中国文学极富意味的镜像光谱。具体来看，抗战文学的节庆书写，主要通过一系列鲜明强烈的情绪表达，来完成民众动员的时代使命，战斗激情的抒发、怀旧温情的寻觅和现实伤情的显露则是三大情绪表达的主要路径，通过仔细感知品味这三大情绪的表达情形，可事半功倍地涵养厚植大学生的家国情怀。

一、战斗激情与攻坚克难的精神汲取

　　"节日带来此前无法想象的，没有它也是无法想象的一种情绪感染"[1]。在外敌侵袭的历史背景下，民族国家危亡成为战时中国全民族关切的中心问题，置身于此种语境下的节庆更是向外发散着急切的抗战动员询唤，这一询唤表现在抗战文学的节庆书写中，便体现为浓烈的战斗激情的抒发。

　　战时中国的妇女节和儿童节主要是号召妇女儿童投身抗战事业，相应地，呼吁妇女走出家庭、走出两性狭窄的小天地，汇入民族抗战的大潮之中，鼓励儿童争当小战士，成为抗战时期中国文学妇女节和儿童节书写的主要内容，此时战斗激情的宣扬显得尤为明晰。以妇女节纪念为契机鼓励妇女投身战斗行列的文学音调，广泛存在于战时诗歌的妇女节书写中。吕痒以正面鼓舞的笔墨写道："姊妹们，/今天，/纪念我们的日子，/更应该/

---

[1] [法]莫娜·奥祖夫. 革命节日[M]. 刘北成, 译. 北京：商务印书馆，2012：33.

把臂膀伸向战场,/把脸去映红炮火;/向强盗们,魔鬼们/无情的搏斗。"①高兰则以昂扬的抒情语调呼吁姑娘们走出闺房,脱掉绮罗衣裳,换上灰色的军装,"抛开你个人的哀怨和惆怅",告别那"微吟和低唱",拿起刀枪、展露你的胸膛,"一齐冲上杀敌的战场"。②在战时中国语境下,脂粉幽香、绮罗衣衫、闲情逸致、微吟低唱、哀怨惆怅等女性生活景致被强力判定为需要摒弃的桎梏。抗战文学的妇女节是颂赞和塑造此种隶属于民族国家、为民族国家献身的"新妇女"的重要机遇。与之类似,20世纪30年代创设的"四四儿童节"同样在战时文学中被赋予了保家卫国、复兴民族国家的重任,抗战文学中的儿童节成为呼唤"新中国"的"新儿童"形象的重要仪式:"新儿童不仅是民族抗战的小先锋,并且是建设新中国的新细胞。"③鲁藜通过正面记述一个儿童节的纪念仪式,彰显和揄扬了中国儿童不容忽视的战斗力量:"集合了,在炮声里三百多个小先生们是很齐整地站在飘雨的旷场上……似洪流地冲破这阴云的宇宙,鼓起各个人的血——它是向荒芜的沙漠的中国,去发恳之悲壮的进行曲。歌声停歇后,是儿童社会执行委员的宣誓,……那铁样的小小臂拳,挥向空际,坚决,果敢,真诚的誓声里,使每个大人深深地感到荆棘纵横的前途一线曙光,是会给这些久压在封建传统堡垒下而今解放出来的赤裸的儿童创造出来。"④节日纪念中的仪式是激发群体情绪、塑造集体记忆的主要手段,"借助仪式,可以认识、强化甚至改变对世界的信仰"⑤。儿童节纪念仪式是一种教育儿童的有力手段,这样所建构出来的儿童已然成为抗战建国的主力和民族复兴的生力军。最终,抗战文学的妇女节和儿童节书写,通过明确的战斗激情的抒发,塑造了隶属于民族国家的"新妇女"和"新儿童"。

抗战文学的妇女节、儿童节书写展现出来高亢昂扬的必胜信念,这种必胜信念是美好未来的阳光召唤,是引导人们自我前行的本因,是攻坚克

---

① 吕庠. 我们的日子——纪念三八妇女节[N]. 重庆大公报·战线,1939-03-09.
② 高兰. 给姑娘们——纪念三八妇女节[N]. 前线日报·战地,1940-04-08.
③ 黄希文. 新儿童与新中国[J]. 广东儿童[N]. 1940(1).
④ 鲁藜. 微雨中的儿童节[M]. // 鲁藜诗文集(第3卷),北京:作家出版社,2004:83.
⑤ [美]大卫·科泽. 仪式、政治与权力[M]. 王海洲,译. 南京:江苏人民出版社,2015:12.

难的内心动能。在新时代的新征程上，依然需要大力弘扬抗战文学节庆纪念书写展现出来的必胜信念，正如习近平总书记指出的那样："新的历史条件下，全党全国各族人民要大力弘扬伟大抗战精神，不断增强团结一心的精神纽带、自强不息的精神动力，继续朝着中华民族伟大复兴的中国梦奋勇前进，不断以坚持和发展中国特色社会主义的新成就告慰我们的前辈和英烈！"[1]今日中国，尤其需要将抗战时期的必胜信念注入青年大学生，使其敞开情怀、聚集能量，在新的历史起点上，为实现中华民族伟大复兴贡献力量。

与其他节庆纪念相比，春节无疑是中国人心中最为重要的传统节日，它"凝结着中国人的伦理情感、生命意识、审美趣味与宗教情怀"[2]，但战争又深刻影响着这个意义重大的节日的面貌，战时中国人很难再欢度春节，相反，国家的受难和生活的艰辛使得战时春节充斥着大量消极、纷乱的景象。战时中国春节的糟乱形态，特别是在民族矛盾激烈、抗战救国成为全民要务的语境下，民间日常生活都会受到改造进而整合到民族国家的运行轨道之中，反映到抗战文学中，便是众多作家构设春节期间广大民众坚持抗争的场景，以之为历史语境中的春节抗战动员贡献文学的特殊力量。戏剧《过关》详细描绘了春节期间动员群众踊跃参军的场景。首先，针对人们心中的犹豫，村干部利用春节期间的闲暇时间细心开导，就连普通民众也带头说服自己的亲戚。其次，则在春节召开参军动员大会。最后，在春节末尾，人们又欢欢喜喜地送着各自的亲人参军："外边锣鼓喧天，人声鼎沸，参军的行列，从门前走过，浩浩荡荡，歌声舞影，热闹非凡。"[3]周立波则浓墨重彩地描写了沁州人民在春节期间举办武装大检阅的场景："检阅台的正中，悬挂一面写了'武运长久'的日本旗，这是胜利品……已经开始检阅了，部队联成长长的行列，经过检阅台，救护队抬着担架跟队伍前进。受检阅的人们踏着整齐的步伐，唱着宏壮的军歌走过检阅台。"[4]

---

[1] 习近平. 在纪念全民族抗战爆发七十七周年仪式上的讲话[N]. 人民日报，2014-07-08.
[2] 萧放. 岁时：传统中国民众的时间生活[M]. 北京：中华书局，2002：115.
[3] 贾霁，李夏. 过关[M]. 山东新华书店，1949：105.
[4] 周立波. 战场三记[M]. 长沙：湖南人民出版社，1962：147.

参军动员大会与武装大检阅是抗战文学中最为常见的春节元素，此类群众性集会仪式除了能够直接向公众传递讯息之外，还能够对参与者产生深刻的影响，提高参与者的群体认同度，"强化他们对那些在集会中被象征性地呈现出来的对手的敌对感"①。抗战文学中群众性集会仪式与传统春节的叠加，深刻改变和重构了春节样貌，使春节呈现出光彩照人、昂扬向上、振奋人心的炫目色彩，喧哗杂沓的春节便被塑造成了民族抗战的功绩展演场和精神强化地。在此过程中，分明可感受到一股无惧无畏、血战到底的豪迈气魄，正是依靠着这种英雄气概，中华儿女最终让日本帝国主义低下了头颅，谱写了惊天地、泣鬼神的壮丽篇章。在今天，对于置身"百年未有之大变局"的青年大学生，更需要大力弘扬英雄气概，只有不怕苦、不怕累、拒利诱、保清廉、蔑视困难、敢于闯关，才能推动整个国家和社会大步向前，而抗战文学的节庆纪念书写正是攻坚克难的英雄气概的宝库。

经由抗战文学作品的重构，外部客观化的节庆演变成了一个个政治意义强烈的主观化的节庆，成为一次次名副其实的政治"大征召"。在此过程中，战斗激情的高呼和抒发构成了抗战文学节庆书写最耀眼、最典型的特质。认真感悟并汲取此类战斗激情无疑是增强学生家国情怀、提升学生攻坚克难勇气的有效途径。古往今来，任何一个有作为的民族，都以自己的独特精神著称于世。爱国主义是中华民族精神的核心，这种民族精神在抗日战争时期达到了全新的高度。习近平总书记在纪念中国人民抗日战争暨世界反法西斯战争胜利69周年座谈会上的讲话，第一次全面、系统地揭示了抗战精神的内涵："天下兴亡、匹夫有责的爱国情怀，视死如归、宁死不屈的民族气节，不畏强暴、血战到底的英雄气概，百折不挠、坚忍不拔的必胜信念。"②在南京大屠杀死难者国家公祭仪式上，习近平总书记再次强调："中国人民和中华民族历来具有不畏强暴、敢于压倒一切敌人而不被敌人所压倒的英雄气概。面对极其野蛮、极其残暴的日本侵略者，具有伟大

---

① [美]大卫·科泽.仪式、政治与权力[M].王海洲，译.南京：江苏人民出版社，2015：137.
② 习近平.在纪念中国人民抗日战争暨世界反法西斯战争胜利69周年座谈会上的讲话[N].人民日报，2014-09-04.

爱国主义精神的中国人民没有屈服，而是凝聚起了同侵略者血战到底的空前斗志，坚定了抗日救国的必胜信念。"①通过研读抗战文学的节庆书写，可以切实且有力地向外彰显、传布爱国主义精神品格，规避教条式理论灌输的枯燥和虚空问题，进而树立英雄丰碑，涵养民族血脉，积蓄全社会文明进步的强大正能量。

二、现实伤情与错误导向的警醒批驳

抗日战争是中华儿女浴血奋斗的战争史、奋斗史、悲壮史，也是民族精神的发展史、壮大史、弘扬史。血与火的考验、生与死的抗争、光明与黑暗的较量锻造出伟大的抗战精神，是中国人民弥足珍贵的精神财富。伟大抗战精神既包括前述的对外抗争举动，对民族国家内部各种负面现象的揭露、指斥和坚决抵制，也是伟大抗战精神的重要成员，这一点在抗战文学的节庆书写中同样多有表现。

战争语境下，每逢节庆纪念的到来，中国被侵略、被殖民、被凌辱的惨痛景象总是显得触目惊心，这时的文学节庆书写自然弥漫着沉痛伤感的情绪。陈伯鸥在九一八纪念文章中讲述了自己的沈阳见闻。当时作者和一个去日本留学的朋友坐火车经由我国东北、朝鲜，转道东京。列车到山海关后，日本宪兵挨个检查证明文件，身着伪满洲国制服的警察则要每个旅客上缴两块钱的人头税。列车停靠沈阳站时，"不但车站上完全是日本字，并且在车站上所听到的也只有日本话"。当天恰巧是九月十八号，所以车站更是到处挂满了日本和伪满洲国的旗帜，以为"纪念"。走到街上，目之所及皆为日本风光："铺店红红绿绿的霓虹灯，写着'吃茶店''咖啡店''料理店'。日本的夜市也照样地搬到了沈阳，一个个小摊摆满的都是日本货。站在小巷里见到行人就叫哥哥的日本野鸡也运到了沈阳。""沈阳已经和日本的城市没有多大的差别了，有的，只是充满了日本城市更多的罪

---

① 习近平. 在南京大屠杀死难者国家公祭仪式上的讲话[N]. 人民日报，2014-12-14.

恶。"①文字间分明可见一股对民族耻辱的伤痛之情。

节庆时刻的现实见闻充斥着民族国家耻辱的伤惨之景，按理说这应该激起国民沉着奋斗、勇毅抗争的行为，但事实上，许多人却将节庆当成消费娱乐和放纵享受的机会，由此导致抗战文学的节庆书写又遍布着对国人负面行径的哀伤批驳。"九一八"国耻纪念的上海随处都是商人的叫嚷、低级娱乐的沉醉和百无聊赖的游戏，上海"死去的九一八"让苏三伤情满满："在上海，幽静底圣母院路或静安寺路上，充满了秋雨的水渍，树荫和高大的洋楼矗立着，在柏油路上映出很美观的倒影，有时偶然的，一片秋叶票到水渍的地上，树荫萧萧的响，这是多么富有诗意的一幅秋色图。不过，须得认清楚，现在是什么时代，这种苍凉的秋风秋雨，分明象征东北义勇军在风雨中奋斗，哪里是诗意的表现。在那富予诗意的街上，往往看到一对对男女摩登青年们，坐在小小的跑车上，疾驶过去。九一八的一天，上海是这样的过去，没有刺戟，没有辣椒，没有酸味，只是一些苦涩性的甜而已"②。抗战文学披露的各方人士在节庆之际沉溺享乐的现象，不仅仅过去上演过的历史，而且在当下依然需要警醒。"在新的征程上，广大青年要弘扬永久奋斗的优良传统，发扬吃苦耐劳、自力更生、艰苦奋斗的精神，摒弃骄娇二气，……以敢于超越前人、敢于引领时代、敢于创造世界奇迹的豪迈，在实现民族复兴的赛道上奋勇争先，用实际行动续写中国青年运动的奋斗华章。"③在此情况下，有必要从抗战文学的节庆书写中获得宝贵的自我反省和自我警示。

"落后就要挨打，贫穷就要挨饿，失语就要挨骂。"经过一百多年的发展，我国已经从根本上解决了"挨打"和"挨饿"的问题，而当前困扰我们的是"挨骂"问题，这是我国走向世界舞台中央必须要解决的一个重大问题。④所谓"挨骂"的问题指的是西方国家从其中心主义立场出发，大肆宣扬资本主义文化和价值观念，无理批评指责中国及中国文化。这是话语

---

① 北鸥（陈伯鸥）.纪念九一八：沈阳一夜[J].国讯，1943（346）.
② 苏三.死去的"九一八"[N].时代日报，1933-09-20.
③ 蔡奇.在强国建设民族复兴新征程上书写壮丽青春篇章[N].光明日报，2023-06-20.
④ 徐国亮.提升中国国际话语权的深刻意蕴与重要意义[J].人民论坛，2021（31）：10-16.

霸权和文化霸权的典型行为，其目的就是维护资本主义国家在全球的核心利益和统治地位。习近平总书记很早就对西方文化霸权的危害进行过深刻的阐述："由于西方长期掌握着'文化霸权'、进行宣传鼓动，当代中国价值观念存在太多被扭曲的解释、被屏蔽的真相、被颠倒的事实。"[1]他也告诫全党全国人民务必留意隐性层面的文化斗争和文化自主："'谎言重复一千遍就会变成真理。'各种敌对势力就是想利用这个逻辑！他们就是要把我们党、我们国家说得一塌糊涂、一无是处，诱使人们跟着他们的魔笛起舞。各种敌对势力绝不会让我们顺顺利利实现中华民族伟大复兴，这就是为什么我们要郑重提醒全党必须准备进行具有许多新的历史特点的伟大斗争的一个原因。这场斗争既包括硬实力的斗争，也包括软实力的较量。"[2]可见，提升中国国际话语权意义重大，事关中国文化软实力的提升，事关国家综合国力的提升，作为社会主义建设者和接班人的当代大学生在这方面肩负着光荣的使命，这时回顾抗战文学对于节庆纪念场景中显露的自甘为奴景象的揭露谴责，不啻为一堂生动的思想教育课。

战时中国既面对外敌侵袭，遭遇着强烈的民族国家耻辱，又时常暴露出内部的阶级不公、社会腐败和生活困窘等黯淡景象，这一切都使得战时中国作家的节庆书写被连绵不绝的伤惨之景、伤惨之情包裹："目所见，看不到一些可庆的景象；耳所闻，听不到一些可庆的事实。"[3]梳理体察抗战文学节庆书写的漫溯伤情，不仅有助于带领学生深入认识抗战历史的艰苦，更重要的是，这些现实伤情记录的是战时中国知识分子维护国家主权和民族尊严的坚强意志和浩然正气。反观当下，影视作品正在戏说历史、肢解历史，西方一些别有用心的人士又在想方设法地对中国民众施行新一轮的隐秘的文化殖民和思想殖民策略。有鉴于此，习近平总书记在多个场合反复强调要系统研究抗战、批驳错误导向："历史就是历史，事实就是事实，任何人都不可能改变历史和事实。付出了巨大牺牲的中国人民，将坚定不

---

[1] 习近平关于社会主义文化建设论述摘编[M]. 北京：中央文献出版社，2017：199.
[2] 习近平关于社会主义文化建设论述摘编[M]. 北京：中央文献出版社，2017：208.
[3] 独鹤. 有国总当有庆[N]. 新闻报，1947-10-10.

移捍卫用鲜血和生命写下的历史。任何人想要否认、歪曲甚至美化侵略历史，中国人民和各国人民绝不答应！"[1] "要坚持用唯物史观来认识和记述历史，把历史结论建立在翔实准确的史料支撑和深入细致的研究分析的基础之上。要坚持正确方向、把握正确导向，准确把握中国人民抗日战争的历史进程、主流、本质，正确评价重大事件、重要党派、重要人物。要以事实批驳歪曲历史、否认和美化侵略战争的错误言论。"[2]抗战文学节庆书写呈现的现实伤情，恰恰能够给当代大学生敲响警钟，使其时刻提防留意并着力冲击种种歪曲历史、腐化人心的错误导向。

三、怀旧温情与和平理念的信守践履

2015年9月3日，习近平总书记在纪念中国人民抗日战争暨世界反法西斯战争胜利70周年大会上的讲话中，掷地有声地指出："战争是一面镜子，能够让人更好认识和平的珍贵。为了和平，中国将始终坚持走和平发展道路，中国人民将坚持同世界各国人民友好相处，坚决捍卫中国人民抗日战争和世界反法西斯战争胜利成果，努力为人类作出新的更大的贡献。"[3]爱好和平、珍惜和平，树立和平理念，绝不做损人利己、以邻为壑的事情，努力从世界和平与发展的大义出发，贡献每一个个体的智慧与方案，这同样是高校思想文化教育中应予重点阐述的道理。如果我们关注抗战文学的过往节庆书写，就会发现那里遍布着人们对于和平幸福场景的颂扬和祈盼，以之为教学素材，将使得学生在动情的基础上构建真切的和平理念。

战时中国语境下的节庆纪念通常是一种对民族国家受辱、故土家园沦丧的提示，每逢这些时日的降临，人们普遍深陷于内心的烦忧之中。这时，怀想旧日的欢快时光、追忆家乡的风土人情便成为作家文人暂且自慰的途

---

[1] 习近平. 在纪念全民族抗战爆发七十七周年仪式上的讲话[N]. 人民日报，2014-07-08.
[2] 让历史说话用史实发言　深入开展中国人民抗日战争研究[N]. 人民日报，2015-08-01.
[3] 习近平. 在纪念中国人民抗日战争暨世界反法西斯战争胜利70周年大会上的讲话[N]. 人民日报，2015-09-03.

径。如此一来，抗战文学的节庆书写在战斗激情宣泄之余，还流溢出大量怀旧温情的场景。正是在此意义上，绿岩深情回忆了战前自己在故乡的清明节岁月："曩时在故居的时候，每逢到清明时节，我总是尽日的跋涉，忙着上坟。在我故居的周围，风景是很优美静穆的，那里有围绕十余里的小溪，有同蓝天一色的远山。绿树苍松，竹篱茅舍，颇具有世外桃源的风味。更何况那时又是没有饥寒的呼喊，没有挣扎的呻吟，人民安居乐业鸡犬无惊哩。我们家的坟墓，也就在这个水木清华的地方。犹记得儿时常随父亲去扫墓，这虽是一些很平凡的小事，而在我的心中，十余年来，尚没有把他忘掉，这也是一个甜蜜的回忆啊！"①

"汉魏之前，时令性的宗教祭祀活动是岁时节日的基本内容；汉魏以后，岁时节日成为民众季节生活民俗享受与展示的方式。"②战乱处境激发下的往昔节庆怀想，不单单包含美丽的风光景致，更不乏和谐浪漫的节俗追忆。老舍在《四世同堂》里便大量书写了日寇占领下的普通中国民众在各个节庆时日对往昔节俗的深情回想。例如祁老人在沦陷后的中秋节这天，没有闻到果子的香味，没有看见品种繁多的月饼，只有孤零零的两个小摊子摆放着简单的兔儿爷，这让他十分难过，并想起了往年此时，自己和孙辈们畅游街市、品鉴兔儿爷的欢快时光："在往年，他曾拉着儿子，或孙子，或重孙子，在兔儿爷的摊子前一站，就站个把钟头，去欣赏，批评，和选购一两个价钱小而手工细的泥兔儿。今天，他独自由摊子前面过，他感到孤寂。同时，往年的兔儿爷摊子是与许多果摊儿立在一处的，使人看到两种不同的东西，而极快的把二者联结到一起--用鲜果供养兔子王。由于这观念的联合，人们的心中就又立刻勾出一幅美丽的，和平的，欢喜的，拜月图来。今天，两个兔儿爷的摊子是孤立的，两旁并没有那色香俱美的果子，使祁老人心中觉得异样，甚至于有些害怕。"③沦陷后的端午节街头看不见人叫卖樱桃、桑葚与粽子，这让小顺儿妈十分别扭，并猛然醒悟到"她的

---

① 绿岩. 清明日[V]. 艺风，1936（4）.
② 萧放. 岁时：传统中国民众的时间生活[M]. 北京：中华书局，2002：92-93.
③ 老舍. 四世同堂[M]// 老舍全集（第4卷）. 北京：人民文学出版社，2008：124.

北平变了样子",进而想起了以往端午节热闹的街头景象:"在往年,到了五月初一和初五,从天亮,门外就有喊:'黑白桑葚来大樱桃'的,一个接着一个,一直到快吃午饭的时候,喊声还不断。喊的声音似乎不专是为作生意,而有一种淘气与凑热闹的意味,因为卖樱桃桑葚的不都是职业的果贩,而是有许多十几岁的儿童。他们在平日,也许是拉洋车的,也许是卖开水的,到了节,他们临时改了行——家家必须用粽子,桑葚,樱桃,供佛,他们就有一笔生意好作。"[1]对祁老人、小顺儿妈这样的中国普通民众来说,"每一件事和每一季节都有一组卡片,记载着一套东西与办法"[2],当这一套习以为常的模式受影响、被打破后,便会体会到一种真切的文化之痛。

  节庆风俗的消失与民族国家之痛切肤相关,在相似的意义上,公兰谷也沉浸于对过往家乡清明节习俗的深情回忆之中。公兰谷故乡的清明节共有三日,清明前一日是寒食,寒食前一日是一百五,都算在清明节之内,三天时光都充满着令人记忆深刻的美丽风俗。"一百五"这天是为祖坟添土的日子,寒食节人们会吃彩色鸡蛋和打秋千,清明当日则是青年男女踏青约会的良辰。其中,寒食节日的习俗尤其让作者记忆弥深:"一想起寒食,我便会想起彩色鸡蛋和秋千。当清晨尚在睡梦中时,忽然觉得被窝里滚进五六个圆溜溜热烘烘的小东西,睁开眼睛,恰真看见母亲的笑脸。母亲见我醒来,就笑着说:'天亮了,起来吃鸡蛋吧!'我这才知道,那五六个小东西原来是染着各种颜色的鸡蛋。看见染着红色的鸡蛋,我就想起年画上的关公脸,寒食、红鸡蛋、关公脸,这三件东西那时我有效的心灵中是分不开的。本来,在寒食前一月人们就开始打秋千了,只是打秋千的情景以寒食为最热闹。在寒食这天,年青的少妇和姑娘们都成群打伙的到邻家打秋千,打扮得花枝招展。平日她们都是足不出户的,连在大门口站一站都会遭到父兄们的禁止,今天却可自由自在的走遍村中所有有秋千的人家。年青的伙子们也混杂在姑娘群中,有的是含情的眼波,有的是盈盈的笑语,

---

[1] 老舍. 四世同堂[M]// 老舍全集(第4卷),北京:人民文学出版社,2008:444-445.
[2] 老舍. 四世同堂[M]// 老舍全集(第4卷),北京:人民文学出版社,2008:465.

有的是调笑的言词和举动。寒食还有一种食品叫玉米仁饭，是用玉蜀黍和麦仁做成的，那饭实在太香了，当我写这篇文章的时候，鼻端似乎还逗留着那饭的香气。"①

在抗战文学的节庆书写中，国耻纪念日是最能强烈刺激起人们的民族国家创痛的时日，因此满怀温情的怀旧笔墨在抗战文学的国耻纪念文章中更为常见。李辉英笔下的松花江景堪为典型："松花江的江水，永是那么幽闲地一尘不染地流着，永是把它那洁白的江水，灌溉着东北大地，它是满洲原野的慈母，在它的怀抱中，整个东北原野在慢慢地滋长着，发育着；没有仇恨，没有争端，没有压迫，也没有掠夺，日日夜夜，只是铺展着恬静安然的生活，日日夜夜，松花江上回漾着欢快的笑声和甜美的歌。但，这七年中，那是任什么也提不起来了"②。在抗战文学节庆书写的怀旧文本中，"大量的话语离开对事件、人物的叙述而转向写景状物"③。这些对往日风景的书写，是典型的抒情话语。人们之所以热衷于在节庆的激发下，转向对记忆中风光美景的倾心捕捉，是"人在乱离之中，往往容易向大自然生出留恋之心"④的印证。对于置身沦陷区的作家文人而言，其生存处境本就压抑和折磨，如果再遇上那些提示人们民族国家耻辱的节庆纪念日，自然会痛上加痛。于是，沦陷区作家的节庆纪念书写更是热衷于追怀过去的温情。纪果庵的《小城之恋》便是这方面的代表文章，作者深情回忆了渺茫且遁入无边梦境中的童年春节："新年是诸节日中最热闹者，我爱在除夕晚上同小朋友燃着灯笼去'辞岁'，一年到头累苦的工人也叫他声'大叔'甚至给他磕个头，同他们玩着原始的赌博，有什么过失都不会被呵责，又不必上学演最怕的数学，乡下人因为欠债过不了年的竟少至于无有，偶然有人为此逃走了，过两天回来，大家不过笑他一阵，有钱便给，没钱再说，并没什么大不了。"⑤诸如此类对于过去的彻骨眷念和温情的吟哦，是"在

---

① 公兰谷. 清明节[J]. 文潮月刊，1947（2）.
② 李辉英. 李辉英散文选集[M]. 天津：百花文艺出版社，1986：39.
③ 杨联芬. 中国现代小说中的抒情倾向[M]. 北京：北京师范大学出版社，1996：136-137.
④ 文载道. 风土小记[M]. 上海：太平书局，1944：5.
⑤ 纪果庵. 两都集[M]. 上海：太平书局，1944：128-129.

'天翻地覆的大变动'之后所留下来的一种生的执著"[①]，它们借助于"古老的记忆"，缓释了此在的政治压迫和战争创痕，创建出一幅幅温暖宁静的和平图景。

如果说，抗战文学节庆纪念书写的战斗激情抒发是一种简朴干脆，"适合于表达明朗坚定的夸张情绪"，并极易调动身体激动情绪的"口语式抒情"的话。那么，抗战文学节庆书写的怀旧温情寻觅则是一种"专心投入精神纵深景观"的细腻式"书写式抒情"[②]。民族国家受辱遭难的现实处境，刺激人们向记忆中寻求慰藉，过去被涂抹上浓重的浪漫色彩；同时，记忆中真实存在与浪漫虚构出来的美好景象，反过来进一步衬托、烛照出现时现地的悲惨。在过去和现在两个时间维度的往复作用下，抗战文学的节庆书写展现出了浓厚的抒情意味，传递出人们对和平生活的深深祈盼。如今，重读这些文本、重温这段历史，就是要树立和平发展的理念，争做和平发展道路的守护者和践行者："历史是最好的老师，它忠实记录下每一个国家走过的足迹，也给每一个国家未来的发展提供启示。从 1840 年鸦片战争到 1949 年新中国成立的 100 多年间，中国社会战火频频、兵燹不断，内部战乱和外敌入侵循环发生，给中国人民带来了不堪回首的苦难。仅日本军国主义发动的侵华战争，就造成了中国军民伤亡 3500 多万人的人间惨剧。这段悲惨的历史，给中国人留下了刻骨铭心的记忆。中国人历来讲求'己所不欲，勿施于人'。中国需要和平，就像人需要空气一样，就像万物生长需要阳光一样。只有坚持走和平发展道路，只有同世界各国一道维护世界和平，中国才能实现自己的目标，才能为世界作出更大贡献。"[③]

结　语

课程思政教学旨在将价值塑造、知识传授、能力培养融为一体，寓价

[①] 文载道. 风土小记[M]. 上海：太平书局，194：7.
[②] 南帆. 文学的维度[M]. 上海：上海三联书店，1998：297-298.
[③] 习近平. 习近平谈治国理政（第一卷）[M]. 北京：外文出版社，2018：266.

值观引导于知识传授和能力培养之中，帮助学生塑造正确的世界观、人生观、价值观。其中，"情怀""精神"层面的涵育是人文类课程教学的重中之重，这类教学必须紧密结合专业知识，以免"泛化"和同质化，它要着力解决三个问题："科学认知与思想层面触动、上升到精神层面、化为行动。"[①]1936年9月20日出版的《今代文艺》第1卷第3期为"九一八纪念特辑"，该期"编者的话"有言："我们尚未'健忘'，更未'心死'；故尽我们的所能——用一支笔杆，写出我们所要说的话，借一唤起尚未心死的同胞，团结起来作争求中华民族生存的斗争。因以编成一个纪念九一八特辑。"[②]可以说，"唤起尚未心死的同胞，团结起来作争求中华民族生存的斗争"，正是抗战文学节庆书写的主旨所在。为了实现这一意图，作家文人们从战斗激情传递、现实伤情披露和怀旧温情寻觅等角度出发，对特定节庆纪念加以赋形，最终折射出真挚饱满的家国情怀与民族道义。对于当代大学生而言，不少人多"耳熟"而未"能详""家国情怀""民族精神"的具体所指和详细效用，这时有必要通过鉴赏品读抗战文学的节庆书写，将学生带入情境，产生情感"共鸣"和精神"共振"，让学生进入故事情境，深刻领会家国情怀、民族精神在实现中华民族伟大复兴中的作用，引导学生思维向更深处探寻，明确立足专业领域"我应该如何"，以避免出现"听着感动、想着激动、落到实践不能动"的问题。唯有如此，学生才能对"家国情怀""民族精神"既"耳熟"又"能详"，并在情感上产生深深的触动，进而实现向行动的转换。

---

① 陆道坤. 论课程思政的教学设计与实施[J]. 思想理论教育，2020（10）.
② 今代文艺·编者的话[J]. 1936（3）.

汉字正字观与汉语言文字学教学

周 阳

【提　要】汉字是记录汉语最重要的工具，是形音义三者统一的符号系统。而随着时代发展，形有更革，音有转移，义有变化，因此历代中央政权都针对社会文字问题，遵循语言文字发展的客观规律推行文字规范工作，中华大地也始终保持书同文的统一局面，民族向心力和文化凝聚力越来越强。中华人民共和国成立以来，为了适应新时代的需求，从现实环境出发，把握汉字发展的规律，国家出台了一系列政策文件，确立汉字的地位，规范了社会对汉字的使用，引导和调节了国内教育和国际传播，妥善处理与汉字相关的社会问题，使汉字更好地服务社会，为当代社会的文化发展和繁荣发挥了重要作用。学校是语言文字工作的基础阵地，理应积极发挥推广和普及国家语言文字的作用，培养国民语言文字规范意识，明晰汉字发展史，树立正字观，增强文化自信、民族自信。

【关键词】正字观；文字学；教学

党的十八大以来，习近平总书记围绕"培养社会主义建设者和接班人"作出了一系列重要论述，深刻回答了"培养什么人、怎样培养人、为谁培养人"这一根本性问题。高校设置了众多课程，每一门课程都有其意义，不只是专业知识的讲授，也应融入思政教育。古代汉语和汉语史分别是汉语言文学专业的必修课、限选课，担负传播中华优秀传统文化的职责，课堂上讲授语言文字学知识不是让学生埋头于故纸堆，而是从肥沃的文化土壤中汲取养分。

文字学是传统小学之一，也是古代汉语和汉语史课程重要的讲解内容。

我们书写的汉字不是冷冰冰的符号，而是有历史的温度、文化的温情，更能深化国民对国家、民族的认同感。因此我们需要对汉字有清晰而全面的认识，也要透彻地领会国家的语言文字方针政策。

一、国家统一与文字规范

《中华人民共和国国家通用语言文字法》第五条规定"国家通用语言文字的使用应当有利于维护国家主权和民族尊严，有利于国家统一和民族团结，有利于社会主义物质文明建设和精神文明建设"高度概括了国家通用语言文字对我国的重大意义，是对历史上语言文字政策的科学总结。

文字自创制以来，就与国家社会紧密相连。周取代商，其后周王室衰微，诸侯异政，中国社会发生了剧烈的变化。甲骨文变为金文，又进入战国文字阶段。该时期，文字形体发生了前所未有的变化，根据地域划分，包括秦系文字、楚系文字、齐系文字、燕系文字、三晋文字，它们之间互不统属。各国文字多不相同，具体表现为同字而不同形，或发生形体讹变，或改易偏旁；也存在同词而用字不同，或用本字，或用假借字，更有甚者，不同国家假借字也不同；各国文字正体和俗体关系复杂。许慎《说文解字叙》评价战国文字"文字异形"十分精当，符合实际。许慎还提到，周宣王太史籀著大篆十五篇，反映时人渴望树立标准，匡正文字异形的局面。《礼记·中庸》："非天子，不议礼，不制度，不考文。今天下车同轨，书同文，行同伦。"朱熹集注："度，品制。文，书名。"[①]足见周天子制定国家礼乐，文字规范政策是其中的重要内容。《周礼·春官·外史》："掌达书名于四方。"汉郑玄注："古曰名，今曰字。使四方知书之文字，得能读之。"清孙诒让正义："审声正读则谓之名，察形究义则谓之文，形声孳乳则谓之字，通言之三者一也。《中庸》云'书同文'，《管子·君臣篇》云'书同名'，《史记·秦始皇本纪·琅琊台刻石》云'书同文字'，则'名'即文字，古今异称之证也。……'使四方知书之文字，得能读之'者，谓以书名之形声，达之四方，使通其音义，

[①] 朱熹. 四书章句集注[M]. 北京：中华书局，1983.

即后世字书之权舆也。"①《论语·子路》："子曰：'必也正名乎？'"皇侃引郑玄《注》云："正名，谓正书字也。古者曰名，今世曰字。"②周王朝有专人负责修订并推广规范文字，但王室衰微，推行力度有限，真正实现此功业的为秦始皇。

作为统一的多民族国家，必须有一套统一的、规范的文字书写系统。秦朝以小篆为官方标准文字，李斯《仓颉篇》、赵高《爰历篇》和胡毋敬《博学篇》，史称"秦三仓"，是秦统一文字之后，介绍小篆楷范的字书。到了汉代，隶书成为社会使用的主要文字，《熹平石经》以隶书一体刻成，应为当时的规范用字。汉以降，三国异政，南北对立，长达数百年的分裂割据加剧了文字俗讹。文字学家江式就曾感叹"世易风俗，文字改变，篆形谬错，隶体失真"的局面，颜之推《颜氏家训·杂艺》也批评：

> 北朝丧乱之余，书迹鄙陋，加以专辄造字，猥拙甚于江南，乃以百念为忧，言反为变，不用为罢，追来为归，更生为苏，先人为老。如此非一，遍满经传。③

颜氏身处乱世，悲慨社会动荡不安，也痛心南北文字俗讹不堪，以至于"尔后坟籍，略不可看"。随着墓志碑诔的发掘出土，所见铭文刻字恰如颜氏描绘的讹俗繁杂。毛远明《汉魏六朝碑刻异体字典》直观呈现了当时的文字形态，结构不一，笔画互异，一个字头之下收录不同的字形少则四五个，多则可达数十个，还有相当数量的文字讹变严重，怪异难以识读。④

隋唐时，国家复归一统，隶书楷化也在这个阶段完成定型。针对前朝遗留的文字弊病，李唐政府顺应历史潮流，出台了一系列文字政策，匡谬纠俗，厘定正字，从而形成字样学。所谓字样学，是唐代的正字运动，为规范楷书形体笔画拟定标准用字的学科。当时科举设"明经""明字"诸科，首要要

---

① 孙诒让撰，汪少华整理. 周礼正义[M]. 北京：中华书局，2015.
② 皇侃. 论语义疏[M]. 北京：中华书局，2013.
③ 王利器. 颜氏家训集解[M]. 北京：中华书局，2013.
④ 毛远明. 汉魏六朝碑刻异体字典[M]. 北京：中华书局，2014. 他的另一部著作《汉魏六朝碑刻异体字研究》对这个时段的文字有全面深刻的研究，可详参。

求便是文字书写的准确性和规范性。由此,在政府主导下士大夫编订了众多字样书,尤以颜元孙《干禄字书》最为著名。"干禄"即求禄位、谋仕进,该书辨析文字正俗,判定是非,堪为科举考生学习文字的教科书。齐元涛《尽美矣,又尽善也——颜真卿书法艺术与汉字规范的璧合》中谈道:

> 文字学家颜元孙的《干禄字书》为楷书字形规范作出了开创性贡献。《干禄字书》具有先进的汉字规范观念,为汉字的不同使用场合确立了不同的规范标准,相当于唐代的"汉字规范字表"。

此外,张参的《五经文字》、唐玄度《九经字样》和欧阳融《经典分毫正字》等字样书同样推进文字的规范工作。与此同时,唐政府实施了一系列文化工程来确立正字,开成二年(837)镌刻儒家经典十二种,即"开成石经"。原碑立于唐长安城务本坊的国子监内。全碑为楷书正体,是当时世人学习、科考的范式。其后各朝官方沿袭旧例,不断编修字样书,诸如宋郭忠恕《佩觿》、明张自烈《正字通》、清官修《康熙字典》等,规范汉字形体,确立了汉字典范。

中华人民共和国建立,百废待兴,语言文字规范工作亟待开启。20 世纪 50 年代以来,国家对现行汉字进行整理和简化,制定公布了《第一批异体字整理表》《简化字总表》《印刷通用汉字字形表》《现代汉语常用字表》《现代汉语通用字表》《GB13000.1 字符集汉字字序(笔画序)规范》等标准。2013 年 6 月 5 日,《国务院关于公布〈通用规范汉字表〉的通知》(国发〔2013〕23 号)发布。《通用规范汉字表》延续了汉字规范的传统,书写文字有"表"可依,民心所向;贯彻了《中华人民共和国国家通用语言文字法》,适应新形势下社会各领域汉字应用需要的重要的汉字规范,为汉字制定了与时俱进的标准。

二、正确认识新时代的规范字

语言文字事业具有基础性、全局性和社会性的特点,与国家统一和民族团结、与历史文化传承都息息相关,在国家发展战略中具有重要地位和作用。

王启涛说："汉语言文字成为历代中央政权的通用语言文字，这是我国各族人民共同的历史选择。"①从历史上看，孔子提出了"正名"的主张，这衍生为后世的"正字观"。后世文字学家秉承了这样的传统，编订了大量优秀的著作，如唐初郎知年的《正名要录》、颜元孙的《干禄字书》，为字样学的发展奠定了坚实基础，也启发了当代文字规范工作的开展。

虽然简体字已推行多年，但互联网上仍偶尔会出现一些关于繁简字的讨论，如认可"亲""爱""产""厂""面""运"等字简化后丢失了最初造字依据，但我们梳理汉字源流发展，这类观点其实经不起推敲。我们试举两例。

第一，"亲"字，甲骨文从见辛声，本义不详，《说文·见部》收录，解释为"至也"。段玉裁注："情意恳到曰至。父母者，情之最至者也，故谓之亲。"即表示父母的至亲义、亲情义等为引申义。该字出现减省形体也很早，《中国砖铭文字徵·立部》立字头"亲"，云："通'亲'，为'親'之省。"收录了东晋咸和砖铭之""，北朝北齐砖铭之""和""。若说魏晋南北朝只是零星使用，《宋元以来俗字谱·见部》字头"親"下引《通俗小说》《目连记》《金瓶梅》《岭南逸事》均作"亲"，表明该时期"親"形省作"亲"已经是普遍现象，所以金代韩孝彦编修《四声篇海》设"立部"，收录"亲"字，云："七人切，与'親'义同。"言下之意，二字音义全同，"亲"是"親"的异体字，在一般场合通用无别。从出土实物到后世文献用字，"亲"字形体来源有据可考，传承秩然有序。

第二，"爱"字，《光明日报》刊载的《建立保存人类书写记忆的文本库——访华东师范大学中国文字研究与应用中心教授臧克和》一文，臧克和教授谈道：

> 人们喜欢援引"爱"字结构来诟病由繁体到简体、心符失落的问题。按字典的字形序列，战国早期中山王墓壶铭"慈爱"一词，用"㤅"字来记录；战国楚简、秦汉简文等，大都写作"㤅"（也使用由既、心组合结构，既、旡作为声符的功能是相同的），到北

---

① 王启涛. 中国历史上的通用语言文字推广经验及其对铸牢中华民族共同体意识的重要意义[J]. 西南民族大学学报（人文社会科学版），2020（11）：1-7.

魏神龟二年《寇凭墓志》、隋代《萧玚墓志》等石刻文字中，已经使用将中间"心"符省写的结构。如此看来，不能通观完整发展脉络，单从某个时间层次楷化结果来批评简化者，又失之简单化。

访谈中提到的北魏《寇凭墓志》"人无爱身"作"愛"，隋代《萧玚墓志》"爱贤敬长"作"爱"。此外，写本材料中也有大量用例。敦煌文献 S.6659《太上洞玄灵宝妙经众篇序章》"慈爱忠孝"作"爱"。《可洪音义》卷一〇："爱着，上乌礙反。"卷十九："爱子，上乌礙反。失爱，同上，正作愛也。"卷二一："爱受，上乌代反。"同"亲"字，形省的"爱"字在宋元时期也有较多使用，《宋元以来俗字谱·心部》引《通俗小说》收录此形。不仅如此，当"爱"作为偏旁构件时，仍多以简体流行。《可洪音义》卷三〇："暧暧，音爱，正作'曖'。"足见简体"爱"字不是今天的发明，古已有之，一般视作"愛"的俗字。

其他"产、厂、面、运"等字也各有源流，不再赘述。文字学中，如果把"親、愛、產、厰、麵、運"等当作正字，相应地，"亲、爱、产、厂、面、运"就是俗字。但在讨论正俗的时候，必须考虑时代背景，所谓正俗字是相对概念，往往随着时代的发展，二者的地位会发生改变，俗字多升格为正字。最显著的例子就是秦代以小篆为正体，同时期也流行一套简便易写的俗体——隶书。发展到汉代，作为书体，小篆虽然依旧保持正体地位，但无论官方还是民间，其使用面变得十分窄小。隶书经过改良，取代小篆成为汉代的主流书体。前文提及"秦三仓"反映了秦代官方规范用字，三书到汉代合并为一，名为《苍颉篇》。该书已亡佚，近年各地考古出土了不少残卷，如阜阳汉简本、居延汉简本等都转写成了隶书。当时用隶书书写的儒家经典称之为"今文"，尤其《熹平石经》由隶书一体刊刻，反映了国家意志，隶书在事实上取得正体地位。

上面谈到的这些文字现象反映了汉字形体发展的总体趋势，简化是主流。简化的途径包括省并构件、行草书楷化、借用简单字形等。众所周知，隶变是汉字史上的重要阶段，发生变化并非形体层面，更是汉字构字理据的更革。若说小篆还遗留造字理据，如"⿸衤⿱㇀丿"仍象衣服之形，那"衣"笔画化之后显然成为一个抽象的记号。换言之，隶变后的汉字多不能明确表意了。又如"乂"①常借为"義"，而"义""乂"多不别，或出于分化文字职能的需要，"乂"仍保存旧有音义，"义"则专为"義"字简体。这更有利于识读和书写，提高了效率。我们不仅要纵向地梳理，也得横向地比较。放眼汉字文化圈，同样适用该规律。以日本为例，他们从隋唐开始系统学习汉文化，其中就包括汉字。在使用的过程中，书者不约而同朝着简化方向发展，如"澤"作"沢"，"書"作"昬"，"澁"作"渋"，"圖"作"図"，"傳"作"伝"不一而足，很多字形直接继承，或间接取法于中国。这些字形在日本早期也被视作俗字，但后来因形体简便，广大民众易识、易写，进而提升为正字。

深入学习、完善汉字发展史知识体系对大学生格外重要。学校是语言文字工作的基础阵地，学校教育教学旨在提高国民语言文字应用能力。具体到课堂上，就是扎实做好语言文字工作。《中华人民共和国国家通用语言文字法》第六条规定："国家颁布国家通用语言文字的规范和标准，管理国家通用语言文字的社会应用，支持国家通用语言文字的教学和科学研究，促进国家通用语言文字的规范、丰富和发展。"我国历来具有对通用汉字规范化、标准化的传统，新时代继往开来，这既是继承优秀传统，也开辟了文字使用的新局面。于国民而言，普及简化汉字，提高了社会总体识字率，为扫除文盲的社会贡献；于国家而言，推动了文化事业的繁荣，促进了中华文化的传播。

三、秉承传统，学在课堂

我国历来重视教育，语言文字是教学的重要内容。《周礼·地官·大司徒》："以乡三物教万民而宾兴之……三曰六艺，礼乐射御书数。"六艺之五的"书"指"六书"，《保氏》云："保氏掌谏王恶，而养国子以道，乃教之六艺：一曰五礼，二曰六乐，三曰五射，四曰五驭，五曰六书，六曰九数。"

---

① 据出土实物，在结构层次上，如"刘""蚤"等字形结构所从"乂""叉"形，表现为"乂""义""叉"混用。

保氏，古代职掌以礼义匡正君王、教育贵族子弟的官员。所谓"六书"，按照汉代学者的考证，是汉字的六种造字法。①郑众注《周礼》："六书，象形、会意、转注、处事、假借、谐声也。"②《汉书·艺文志》记述大同小异，说："古者八岁入小学，故周官保氏掌养国子，教之六书，谓象形、象事、象意、象声、转注、假借，造字之本也。"③许慎《说文解字叙》阐释得更为具体，曰："《周礼》：八岁入小学，保氏教国子，先以六书。一曰指事。指事者，视而可识，察而见意，上下是也。二曰象形。象形者，画成其物，随体诘诎，日月是也。三曰形声。形声者，以事为名，取譬相成，江河是也。四曰会意。会意者，比类合谊，以见指㧑，武信是也。五曰转注。转注者，建类一首，同意相受，考老是也。六曰假借。假借者，本无其字，依声托事，令长是也。"④

由此不难看出，在周代负责教授语言文字的保氏具有重要地位，而当时的庠序也被作为普及和推广通用语言文字的主阵地，《史籀篇》则是有记载最早的文字教材。前面谈到秦朝编订的《仓颉篇》《爰历篇》《博学篇》，作为小篆使用的典范，也是学习汉字的教材。汉代司马相如《凡将篇》、史游《急就篇》、李长《元尚篇》、扬雄《训纂篇》等是重要的童蒙识字读物。周代的文教传统为秦汉继承，一代又一代地接续下去。隋唐字样书广出，其后诸书层出，绵延至今。《通用规范汉字表》是新时代的定盘针，文字学研究方兴未艾，优秀的文字学研究专著如春笋怒发。

因此，高校教师有责任发扬传统，在新时代讲授汉字学，帮助学生树立正确的汉字发展观。基于人文学院开设的"古代汉语""汉语史"课程，除了学习经典古文，在课程中还安排了通论学习，在汉字学方面引导学生初步掌握汉字结构的理论体系。第一，科学认识汉字的结构属性。从传统"六书"

---

① 古称人文修养为"游于艺"，书艺在"六艺"序列中居于第五，故游艺第五就常代指文字之学。朝鲜时代沈有镇编撰字源解释书，名为《第五游》。吴载纯跋曰："书居六艺之五，夫子有游艺之训。"沈来永亦跋曰："第五游，游于艺之义，书于六艺居其第五也。"详参河永三《朝鲜时代字书〈第五游〉所反映的释字特征》[《中国文字研究》, 2012（1）: 192-208]。
② 孙诒让撰，汪少华整理. 周礼正义[M]. 北京：中华书局，2015.
③ 班固撰，颜师古注. 汉书[M]. 北京：中华书局，1964.
④ 许慎. 说文解字[M]. 北京：中华书局，2020.

入手，结合初期汉字的创制的方法和历史上汉字的结构属性演变历程，综合辩证地讨论，从而准确认知汉字，即早期以象形表意为主，逐渐发展成形声字为主体。第二，明晰汉字形体结构的历时变化。汉字的形体结构从诞生之始，一直处于动态变化中，书体的变化常伴随结构的调整，构件的讹变和归并，从而出现许多记号、半记号符号参与构字，汉字的造字理据逐渐丢失。随着时间发展，越是往后，表现为杂糅了不同时期的复杂系统。研究工作当依据出土的各期实物材料，还原当时字样标准所适用的社会环境，为汉字形体断代，清理出汉字形体结构发展的历时层次。第三，掌握汉字形体发展的总体规律。社会用字有明显的区分，官方文件以正字书写，字形典正规范；非官方文书常以简便易写的俗体形态出现，正俗判然。时移世换，俗体的地位可能得到承认，成为社会通行字，进而升格为正字。

四、结 语

"一横长城长，一竖字铿锵"，汉字萌生于中华伊始，"书同文"就在九州大地扎下根来。时代更迭，文字在不断演变，甲、金、小篆成了隶、楷、行、草，笔画、结构也在潜移默化地发生变化，不变的是，凡国家政权统一、稳固，一定有行之有效的文字政策，尤其盛唐施行字样学，隶定正体字，匡正俗讹字，维护汉字的正统性，也刺激了唐代文化的繁荣局面。这样的文化政策甚至影响了周边国家，日本、朝鲜、越南等国依样编写了大量字样书，促进汉文化的传播，逐渐形成汉字文化圈，扩大了中华文化的影响力。

"古代汉语"和"汉语史"课程分别作为汉语言文学专业的核心课程和限选课程，专业毕业要求规定，素质结构要求"坚持党的基本路线，热爱社会主义祖国，拥护中国共产党的领导，树立正确的理想、信念、人生观和价值观，养成诚信严谨的学风，遵纪守法"，知识结构要求"掌握语言的基本理论、汉语历史演变的基本规律和古代、现代汉语的基本理论知识，具有扎实的语言功底和广泛的语言积累"。我们从汉字发展史的角度开展"正字观"教学，挖掘其思政内涵，是在《中华人民共和国国家通用语言文字法》框架下，正确认识《通用规范汉字表》整理的当代汉字形体，明其源流，接续传统，这是铸牢中华民族共同体意识的重要途径。因为书写规范汉字，个人和国家有机联系在一起，也融入中华文脉之中。

谈生态文学的内涵对于公众生态文明素养培养的作用与价值

——以《瓦尔登湖》为例

胡志红

【提　要】生态文学蕴含丰富生态思想内涵和生态智慧，倡导广泛阅读、学习、欣赏、传播生态文学无疑有助于提升公众的生态素养，甚至形塑他们的生态品格，进而成为自觉守护人与自然生命共同体的中坚力量。美国生态文学家梭罗的《瓦尔登湖》（1854）是享誉世界的生态文学名著，其以独特的瓦尔登湖生活实践和奇绝的文学想象诠释了人与自然世界之间的关系，并借此提出了一种"绿色生存范式"，以消解西方文化传统中人与自然二元分裂的惯性思维，实现人与自然永续和谐共生的可能文化路径。鉴于此，本文透过生态批评的视野对《瓦尔登湖》做简要探析，以期对生态文学的教学和创作有所启迪。

【关键词】生态文学；生态内涵；《瓦尔登湖》；绿色生存范式；启迪

2023年5月19日，生态环境部、中国作家协会联合印发了《关于促进新时代生态文学繁荣发展的指导意见》，希冀通过繁荣生态文学创作和借助生态文学的传播不断提升公众的生态环保意识和生态文明素养，加快建立健全以生态价值观念为准则的生态文化体系，动员全社会力量共建美丽中国甚至构建人与自然生命共同体，为建设人与自然和谐共生的现代化夯实思想基础、凝聚奋进力量。由此可见，生态文学是生态文明建设的重要内容，承载着重要的生态和文化使命。

"生态问题起于人，也止于人"，这理应是我们建设生态文明、应对环

谈生态文学的内涵对于公众生态文明素养培养的作用与价值——以《瓦尔登湖》为例

问题的共识。换言之，在建设生态文明的过程中，人扮演着关键的角色，具体表现在两个方面：人是生态文明建设的主体，也是生态文明熏陶、教育的对象。具而言之，要建设好生态文明，实现人与自然之间的永续和谐共生，就必须靠具有自觉生态意识和崇高生态素养的社会公众。生态文学蕴含丰富的生态理念和生态智慧，因而加强生态文学的学习和传播无疑对生态文明建设具有重要的理论和实践价值。那么，我们不禁要问：生态文学到底蕴含哪些重要的生态理念或生态智慧呢？

纵观世界生态文学百花园，我们会发现一些生态文学经典能穿越时间的长河，不仅在它们的诞生地有着广泛、深入、悠久的影响，而且在跨文化、跨文明的语境中也拥有庞大的读者群，已然成为世界文学的典范之作，不断被人阅读、欣赏、阐发、借鉴和模仿，其创作风格和思想内涵深刻地影响着当时、当下的公众，成为提升他们生态意识、塑造他们生态品格、绿化他们生活方式甚至推动社会生态变革的绿色公共精神产品。

有鉴于此，笔者将秉持文明互鉴、开放包容的立场，透过生态批评的视野对享誉世界生态人文学界并深受世界生态文学爱好者们喜爱的美国生态文学家亨利·戴维·梭罗（Henry David Thoreau，1817—1862）的《瓦尔登湖》（*Walden*，1854）做简要分析，通过阐发其生态内涵或创作风格，揭示其对提升公众生态素养的作用和价值，以期对国内生态文学教学、研究、传播和创作实践有所启发。

一、《瓦尔登湖》：对受威胁的大美自然的生态回应

《瓦尔登湖》尽管问世于19世纪中期的美国，其创作和问世的时代背景和文化语境与今天我们所面对的迥然不同，但却能突破时空的迷雾和文化的屏障，广受中国各阶层读者的喜爱，并受到中国生态哲学学界和生态批评界的深入研讨，其主要原因在于它以独特的方式书写永不褪色的大美自然，对技术理性催逼下所引发的人与自然之间关系的激变做出了颇具个性化和极

具启发性的回应,并能触发当下中国人的复杂情感——时而平静,时而担忧、不安、焦虑甚至激愤。

梭罗的《瓦尔登湖》所描写的自然是青春永驻、纯洁无瑕的自然,瓦尔登湖就是这种自然的象征。同时,瓦尔登湖也象征完美无缺的超验自我,是作者追求人生理想的标杆,比照社会变化的尺度。[①]正如他这样写道:"本身没有一点变化,还是我在青春时代所见的湖水;我反倒变了……它永远年轻。"[②]当然,如果透过自然生态的视野来看,瓦尔登湖可被看成自然世界的原点或最初的参照点,据此,我们可以测出人类文明背离它的距离,从而留给我们探寻医治人类文明弊病的机会。由于梭罗生活在工业革命的早期,技术理性强加给自然世界的暴力之负面效果还未充分显现,所以尽管梭罗对阴冷、野蛮的工业技术革命感到不安,对侵入瓦尔登湖畔的铁路感到焦虑,对大肆砍伐瓦尔登湖畔树木的行为感到愤怒,但他仍坚信自然具有强大的自我修复能力,故还没有闲暇去考虑"自然之死"的噩梦,并对自然的前途命运依然表示乐观。简言之,梭罗眼中的自然是充满希望的自然,梭罗眼中的文明是可重获生机的文明。在探讨如何终结人对自然的伤害,或者说如何解决人与自然之间的紧张关系时,他考虑更多的是人类个体的生活方式的改变。为此,他试图通过自己的瓦尔登湖生活实践启迪公众,呼吁他们采纳一种绿色的生存方式,以重拾或维护人与自然之间的永续和谐状态。换言之,梭罗尽管身处被工业技术革命搅动得躁动不安的时代,尽管他感到深深的隐忧,但尚能保留一丁点吉尔伯特·怀特(Gilbert White,1720—1793)[③]在塞尔伯恩所享有的宁静、冷静和自足,因为毕竟还有大片的自然仍然处于荒野状态。

---

① 胡志红,何新. 将生态批评写在广阔天地上:胡志红教授访谈[J]. 鄱阳湖学刊,2022(2):80-82.
② HENRY DAVID THOREAU. Walden and Other Writings[M]. New York: Bantam Books, 2004, p. 260.
③ 吉尔伯特·怀特是英国18世纪的一位牧师、博物学家,他撰写的《塞尔伯恩博物志》(*A Natural History of Selbourne*,1789)是一部影响深远的著作,被看成是西方自然书写传统的开山之作。

二、《瓦尔登湖》：倡导绿色生存范式的文学经典

生态批评学者认为，生态危机是人类中心主义思想主导下人类主宰地位的危机、人类文明的危机、主流社会发展模式的危机和人类生活方式的危机，因为人类中心主义所蕴含的超越自然、贬低自然、统治自然的观点鼓励人对自然的掠夺、征服与占有，因而是导致生态危机的根源。为此，生态批评学者坚称，若要从根源上消除生态危机，人类必须改变人类中心主义观念主导下的生存范式，向以非人类中心主义或曰生态为中心主义为思想基础的生存范式转变。在文学批评实践中，生态批评学者主张用生态中心主义文学范式取代人类中心主义文学批评范式，甚至建构生态诗学体系，旨在唤醒人的生态良知，培养人的生态意识，拓展人的生态视野，并让它们渗透到人文科学、社会科学及技术领域，以便从根本上变革人类文化。

有鉴于此，在文艺批评实践中，生态批评学者推崇生态文学所蕴含的"放弃美学"[①]（"The Aesthetics of Relinquishment"），这种激进的美学表现为两种形式，即"放弃"和"赋予"。"放弃"又分为两个层次：一种是我们常见的、熟知的放弃形式，即放弃对物质的占有，放弃对自然的征服与统治；另一种是更为激进的、更为深层的放弃形式，即对孤芳自赏、目空一切的人之主体性的放弃或曰对人之主体性的拓展，放弃人在精神上和肉体上与自然的疏离感。"赋予"指的是赋予非人类自然的主体性，让自然存在物，像动物、季节、地方、气候等成为文学再现的主题或主角。放弃的美学实际上就是要用生态中心主义意识重塑人的生态观、价值观，促使人类在观念上的根本转变，这预示着未来人类以生态为中心的生存状态的可能性。在悠久的生态文学传统中，梭罗的瓦尔登湖畔生活实践及其结晶《瓦尔登湖》可谓对"放弃美学"的精彩诠释，甚至可以说是放弃美学的现实转化，可被界定为一种绿色的生存范式，其精神与我国当下所大力倡导和建设中的生态文明存在诸多契合，下文将对此做更多分析，以阐明其当

---

① LAWRENCE BUELL. The Environmental Imagination: Thoreau, Nature Writing, and the Formation of American Culture[M]. Cambridge: Harvard University Press, 1995, p. 143.

下意义。

1. 简化生活，活出真我

在西方生态人文学学界，梭罗被尊为"环境圣人"，《瓦尔登湖》被奉为"绿色圣经"，瓦尔登湖被升华为"生态圣地"，[①]甚至可以这样说，梭罗简直成了美国绿色思想"波动、界定及其前景的晴雨表"[②]。那么，梭罗为什么能享有如此崇高的地位呢？这当然主要归因于他在瓦尔登湖畔所进行的两年多的生活实践和记录实践活动的长篇传记体散文著作《瓦尔登湖》。该著作是19世纪美国超验主义运动的经典名著，也是19世纪最具创新性的著作之一，开创了美国非虚构自然书写传统，并成为美国乃至世界生态文学的典范之作，梭罗也因此被尊为先驱生态学家。

1845年7月4日，这天正好是美国独立纪念日，梭罗正式入住距离康科德镇两英里的瓦尔登湖畔的小木屋，选定这个日子搬家的象征意义不言而喻。这是他用借来的一把斧头亲自修建的非常简陋房屋，他在那里住了两年零两个月又两天，过着半隐居式、自给自足的简朴生活。1847年9月6日，他圆满完成了他的生活实践，又回到了康科德镇。瓦尔登湖畔生活实践期间，他的身心融入自然，观察自然，体悟万物，思考人生，鞭笞时弊，静听心灵。

乍一看，《瓦尔登湖》所记录的似乎都是梭罗在林中生活的一些琐事或支离破碎的感想。然而，如果我们结合梭罗所处的时代背景仔细阅读或对它做更多、更深入的探究，就会发现它真的不那么简单。它实际上是一部内容博大精深、文风诡谲多变的奇书。后来的读者往往从各自不同的视角，甚至还根据自己的需要或兴趣爱好选取不同的篇章进行解读，都会酿出新意，有时还能从中找到心灵的慰藉。他的那种看似漫不经心的生活，实际上是他经过深思熟虑后所开展的广涉经济、生态、精神及哲学等方面的实践活动。在

[①] LAWRENCE BUELL. The Environmental Imagination: Thoreau, Nature Writing, and the Formation of American Culture[M]. Cambridge: Harvard University Press, 1995, pp. 311-338, 115, 370.

[②] LAWRENCE BUELL. The Environmental Imagination: Thoreau, Nature Writing, and the Formation of American Culture[M]. Cambridge: Harvard University Press, 1995, p. 24.

那儿，他生活虽简朴，其乐亦融融，远远胜过普通人那种为物质财富所累、心为形役的异化生活。自给自足的生活方式、最基本的物质需求、乡下人就地取材所修建的最简朴的居所及离群索居的自我修炼是梭罗瓦尔登湖生活实践的主要元素。这些元素共同建构了"梭罗林中小屋的浪漫意象"①，并成为一种生存范例，这大大出乎梭罗所料。因此，"安贫乐道的观念"使人想起"一个吃苦耐劳之人远离物质文明，迁到乡下，选择离群索居、自给自足的艰苦生活"。虽然他的生活极为简单，但并不意味着他完全拒绝必要的交往和依存，当然，这里的交往和依存既蕴含人文意义，也富有生态学意义。

在瓦尔登湖生活期间，梭罗将自己的物质需求降到最低，过着"贴近骨头的生活"，当然，也是"最甜美的生活"。②正如他告诉别人的："我不喝茶，不喝咖啡，不吃牛油，不喝牛奶，也不吃鲜肉，所以我就不必为了要得到它们而拼命工作。因为我不拼命工作，所以就不拼命吃，所以我的伙食费开销就很小。"③这样他就能投入更多的时间思考、写作、观察自然，也不会产生任何一点多余的环境负担。

当然，梭罗探寻如何实现人与自然和谐共生的途径时，他最看中的是个体生活方式的改变，而不是体制或制度性的变革，因为在他内心深处，他怀疑任何政府"纯粹从善"的意图。正如他在《论公民的不服从》（"Civil Disobedience"）一文中这样写道："我由衷地同意这个警句——'管得越少的政府越是好政府'。我希望看到这个警句能迅速并且全面地得到实施。我还相信，一旦实施后，其最终结果将是——'最好的政府是不管任何事的政府'。当人们做好准备之后，这样的政府就是他们愿意接受的政府，政府充其量不过是一种权宜之计，而大部分政府、有时甚至是所有的政府却都是不合宜的。"④由此我们就可理解，为何不少学者称梭罗为无政府主义者或彻底的个

---

① LAWRENCE BUELL. The Environmental Imagination: Thoreau, Nature Writing, and the Formation of American Culture[M]. Cambridge, Cambridge: Harvard University Press, 1995, p. 145.
② HENRY DAVID THOREAU. Walden and Other Writings[M]. New York: Bantam Books, 2004, p. 363.
③ HENRY DAVID THOREAU. Walden and Other Writings[M]. New York: Bantam Books, 2004, p. 269.
④ HENRY DAVID THOREAU. Walden and Other Writings[M]. New York: Bantam Books, 2004, p. 89.

人主义者，也更能明白为何年长的梭罗不愿参加他那个时代不断涌现的各种各样的有组织的社会改革运动，甚至在反对美国黑人奴隶制这样的体制化罪恶时，他也是以最具个人主义色彩的方式——拒绝向政府缴纳人头税来表达他最为强烈的抗议，即使蹲班房也在所不辞，因为他坚信，若要变革社会，社会的个体必须首先变革他们自己。当然，在处理人与自然之间的关系方面，或者说在实现人与自然的和谐共生方面，他崇尚极具个性化的生活哲学——"生活简朴，精神崇高"①，并以之为协调好人之灵魂与肉体间关系、人与自然间关系以及人与社会间关系的原则。当然，在这三种关系中，自然始终是其关注的焦点。为达到灵与肉的和谐，他主张简化物质生活，优化和丰富精神生态，过一种"低物质消耗的高品位生活"②。这实际上是一种低碳、生态的生存方式。在人与自然的关系中，他强调人对自然的依赖性，提出了生态中心主义的自然观。在人与社会的关系中，他强调人的独立自主性。为此，他开展了对文化和文明的广泛批判，尤其是对物质主义和工业技术的批判，因为它们扭曲人性，异化自然。

在《瓦尔登湖》的《经济篇》（"Economy"）中，梭罗首先发起对物质主义主导下的主流社会生活方式的批判，并提出了他的"生命经济学"。在梭罗看来，"大部分的奢侈品，大部分的所谓生活的舒适，非但没有必要，反而会极大地妨碍人类的进步，所以关于奢侈与舒适，最明智的人生活得甚至比穷人更加简单、朴素"③。多数人花去大量的时间不是在获得生活的必需品，而是奢侈品，甚至是远远胜过"奢侈"来形容的过剩品。这些过多的物质成了他们精神的累赘，"他们既不懂得如何利用它，也不懂得如何摆脱它，所以他们给自己铸造了一副金银的镣铐"④。在瓦尔登湖畔的生活实践过程中，梭罗精打细算，首先提出了用美元来计算的经济，然后提出了他的独特

---

① HENRY DAVID THOREAU. Walden and Other Writings[M]. New York: Bantam Books, 2004, p. 3.
② 鲁枢元. 陶渊明的幽灵[M]. 上海：上海文艺出版社，2012.
③ HENRY DAVID THOREAU. Walden and Other Writings[M]. New York: Bantam Books, 2004, p. 122.
④ HENRY DAVID THOREAU. Walden and Other Writings[M]. New York: Bantam Books, 2004, p. 123.

的经济学——生命经济学。他还给物价下了一个极端的定义:"所谓物价,乃是用于交换物品的那一部分生命,或者是立即付出,或者是以后付出。"这个定义是梭罗整理他在瓦尔登湖生活实践的账目以后得出的两个重要结论的基础:"从我两年的经验中认识到,至少在这个维度上,要得到一个人所必需的粮食只需很少麻烦,少到不可信的地步""我发现一年工作六周,就可以支付生活的所有开支",这意味着其余的时间,我就可以"清清闲闲"地读书。①这些结论的最大好处是颠倒了普通人的休息和工作日程,颠倒了清教徒的工作伦理(work ethic)。

梭罗借鉴了其他经济学家的理论,尤其是 18 世纪英国著名经济学家亚当·斯密(Adam Smith,1723—1790)的经济理论。《经济篇》将斯密经济学的一些基本观念和术语运用于个人。梭罗赞同斯密的重要前提,不是金或银,而是生产劳动是财富的基础。梭罗将物价定义为 "是用于交换物品的那一部分生命,或者是立即付出,或者是以后付出",这实际上是斯密的物价定义"一个人所获得一件物品真正的开销是获得该物品所付出的劳动和麻烦"②的另一种阐释。梭罗和斯密都不赞成负债,因为债务使人失去人的自由和做人的尊严。最重要的是,梭罗赞同斯密将劳动看成是"唯一有用的衡量、比较所有商品价值的标准"。劳动是它们的真实价值,货币只是它们的表现价值。

但是,在涉及个人经济学的时候,针对财富的定义,梭罗与亚当·斯密分道扬镳。斯密说"一个人是否富有取决于他享受必需品、方便和人类生活的娱乐服务的能力"③。可在梭罗看来,如果这样,人就会卷入永无休止的获得、开销、生产、消费的怪圈之中,因此,他不无幽默地宣称"一个人放弃的东西越多,他就越富有"④。在梭罗的幽默背后是二人之间的深刻分歧,那就是,一个人的真正福祉是什么?在梭罗眼里,那就是人性的全面发展、

---

① HENRY DAVID THOREAU. Walden and Other Writings[M]. New York: Bantam Books, 2004, pp. 122, 123, 135, 165.
② ROBERT D. RICHARDSON JR. Henry Thoreau: A Life of Mind[M]. Los Angeles: University of California Press, 1986, p. 167.
③ ROBERT D. RICHARDSON, JR. Henry Thoreau: A Life of Mind[M]. Los Angeles: University of California Press, 1986, p. 167.
④ HENRY DAVID THOREAU. Walden and Other Writings[M]. New York: Bantam Books, 2004, p. 175.

能力的全面提高、精神生活的极大丰富,所以敦促世人简化生活,活出真我,不要将宝贵的生命浪费在积累财富上,所以他这样说道:

> 我们的生活在琐碎之中消耗掉了。一个老实的人除十指之外,便用不着更大的数字了,在特殊情况下也顶多加上十个足趾,其余不妨笼而统之。简单,简单,简单啊!我说,最好你的事只两件或三件,不要一百件或一千件;不必计算一百万,半打不是够计算了吗,总之,账目可以记在大拇指甲上就好了……简单化,简单化!不必一天三餐,如果必要,一顿也够了;不要百道菜,五道够多了;至于别的,就在同样的比例下来减少好了……①

由此可见,梭罗真是个精明的生命经济学家,难怪梭罗研究学者罗伯特·D. 理查森(Robert D. Richardson)在《梭罗的心路历程》(*Henry Thoreau: A Life of Mind*,1986)中尊称梭罗为"新亚当·斯密"。

2. 拓展自我,融入自然

在瓦尔登湖生活实践中,梭罗还通过全身心融入自然、欣赏自然、观察自然和生动形象地描写自然,消解了人与非人类自然之间的界限,赋予自然生命主体性。他在《瓦尔登湖》的《春天篇》中写道:春天来临,万物复苏,"冰冻死去的瓦尔登湖又活起来了"②。梭罗也被春天的气息感染,兴奋不已,重获新生。为此,他在仔细观察铁路旁的冰冻沙堤消融的情景后,栩栩如生地描绘了流动的泥浆色彩斑斓、不断变换的形状,肆意挥洒它们的象征意义。他这样写道:流动的泥浆"真是一株奇怪的植物"。这让他联想到了"珊瑚、豹掌、鸟爪、人脑、脏腑以及任何的分泌"。他这样描写的用意是说明人的躯体与"无生命"的地球之间是相互交融的,没有本质的区别。他还这样感叹道:"人是什么,只不过是一堆融化的泥土?"③他

---

① HENRY DAVID THOREAU. Walden and Other Writings[M]. New York: Bantam Books, 2004, pp. 182-183.
② HENRY DAVID THOREAU. Walden and Other Writings[M]. New York: Bantam Books, 2004, p. 349.
③ HENRY DAVID THOREAU. Walden and Other Writings[M]. New York: Bantam Books, 2004, pp. 344-346.

照基督教《圣经》中上帝造人的模式将生命赋予人类的发源地大地，在将人的躯体放归环境的同时，还将人的主体性交予自然。更为精彩的是，经过两年多的观察，他发现了一个被西方文化长期遮蔽的伟大真理：

> 地球不只是已死的历史的一个片段，地层架地层像一本书的层层叠叠的书页，主要让地质学家和考古学家去研究。地球是活生生的诗歌，像一棵树的树叶，它先于花朵，先于果实。地球不是一个化石的地球，而是一个活生生的地球；与它相比较，一切动植物的生命都不过是寄生在这个伟大中心生命至上……任何制度，都好像放在一个陶器工手上的一块粘土，是可塑的啊。①

在这儿，"陶器工"指的是上帝，他借上帝造人的神话是为了说明人和其他万物生灵及人类文明与大地的依存关系。

三、《瓦尔登湖》与生态文明建设：启示与对话

根据上文对《瓦尔登湖》的简析可知，在美国工业革命发展进程的早期，梭罗在目睹自然世界和人心灵之完整和健康在遭遇严峻威胁时忧心忡忡。为此，他着手进行瓦尔登湖生活实践，以自己独特的方式对这种躁动不安的时代做出回应，表达对工业技术革命和物质主义主导下的主流社会的严厉批判，探寻走出自然生态危机和人文社会危机的文化路径。他融入自然，倡导从物理层面和精神层面消解西方传统文化中根深蒂固的人与自然二元分离的思维惯性，并通过观察和体悟发现了一个伟大的真理——地球不是一部无生命的机器，而是一个活生生的存在，同时也指出了人、非人类万物生灵以及人所建构的所有体制对地球的依赖性。不仅如此，他还身体力行，践行一种低碳的、绿色的、高品位的、可被称为"绿色的生存方式"，以确保人与非人类自然存在物之间及人之灵魂与肉体之间的和谐共

---

① HENRY DAVID THOREAU. Walden and Other Writings[M]. New York: Bantam Books, 2004, p. 347.

生。当然，在他的眼里，自然世界尽管面临气势汹汹的工业技术革命和贪婪的物质主义文化风尚的威胁，但其入侵的广度和深度不足以危及地球生态的完整和健康，所以他主张通过个体生活方式的变革来应对威胁，并仍对自然的美好前景感到乐观。当然，作为业余科学家和超验主义哲学家，梭罗主要还是从哲学的视角看待自然和探讨自然与人类之间关系。具而言之，他除了从物理层面看待自然的价值，还从精神层面探讨了自然的崇高价值。梭罗的生存方式和关于人与自然关系的诸多论述对我们当下的生态文明建设非常富有启发意义和实践意义。他在谈到人类社会对自然世界关系时，突出强调人类文明对崇高荒野世界的依赖性，他曾这样写道："如果没有未经探险的森林和草坪围绕村庄，我们的乡村生活将是何等死气沉沉。我们需要旷野来营养……我们必须从精力无限、一望无垠、气势磅礴的巨神形象中，从海岸和海上的破舟碎片中，从它那充满生意盎然的树木或残枝败叶的荒野中，从雷霆万钧的黑云中，从持续数日而导致洪灾的暴雨中重获生机。"[1]恰如习近平总书记指出："生态兴则文明兴，生态衰则文明衰。生态环境是人类生存和发展的根基，生态环境变化直接影响文明兴衰演替"，换言之，保护环境就是保护我们的生存根基，破坏环境无异于自毁前程，所以我们"要像保护眼睛一样保护生态环境，像对待生命一样对待生态环境"[2]。不止于此，总书记在谈到生态世界的基础性和第一性时，还谈到了共同体的建构和公平正义等议题。

他这样指出："自然是生命之母，人与自然是生命共同体。人类必须敬畏自然、尊重自然、顺应自然、保护自然。保护自然就是保护人类。"[3]当然，"生命共同体"的概念内涵更为深刻、更为丰富，更具现实针对性，因为它不仅涉及人与非人类自然世界之间的关系，而且还涉及人与人之间的公平正义议题。习近平总书记曾这样说道："良好生态环境是最普惠的民生福祉……要坚持生态惠民、生态利民、生态为民……努力实现社

---

[1] HENRY DAVID THOREAU. Walden and Other Writings[M]. New York: Bantam Books, 2004, p.354.
[2] 习近平. 新时代中国特色社会主义思想学习纲要[M]. 北京：学习出版社，2019.
[3] 习近平. 新时代中国特色社会主义思想学习纲要[M]. 北京：学习出版社，2019.

会公平正义，不断满足人民日益增长的优美生态环境需要。"①

当然，《瓦尔登湖》问世可谓生不逢时，遭到了空前的冷遇，梭罗不仅未从中获得任何经济回报，而且还损失不少。梭罗的文学声誉和该著作的命运也一起经历几多沉浮，直到20世纪60年代以后，作为经典作家的梭罗和作为生态文学经典《瓦尔登湖》的地位才逐渐确立。

四、结　语

根据上文的分析可知，《瓦尔登湖》生态内涵极为丰富，读者从不同的视角切入，都能发掘各自所需的内涵。如果我们仔细检视，就会发现其具有生态文学的两个基本特征或基本原则，即生态学原则和具身性原则。②所谓生态学原则，指的是生态学相互联系和万物平等共生的信条。据此原则，生态学家们敦促人类放弃人类中心主义思维惯性，拒斥统治自然的逻辑，落实人与自然万物与和谐共生的理念。作为地球生态系统中的个体存在，我们每个人应该甚至必须从我们的日常生活细节入手，落实这些生态学导向的思想观念，努力将自己对自然的干扰降到最小的规模、最低的程度，将我们的生态负担控制在自然生态可消化吸收的范围之内。为此，我们就应当像梭罗一样过一种"手段简朴、目的丰富"的生活。具身性原则，指的是人身体力行，走进自然，用肉身去接触自然、感觉自然，而后凭自己的直接经验甚至在遭遇自然时所留下的"伤痕"去确证自然世界的实在性、先在性、第一性和不可还原性。为此，我们还应该像梭罗一样让自己的身体"出场"，走进自然，不仅在物理层面而且还在精神层面消解西方传统文化在人之身体与非人类自然存在物之间所建构的文化隔阂，达成人与非人类世界之间的一种水乳交融的关系，完善深层生态学意义上的大写的"生态自我"（Ecological Self），在大写的自我中实现自我的价值。③

---

① 习近平. 习近平谈治国理政（第三卷）[M]. 北京：外文出版社，2020.
② 胡志红. 生态文学：缘起、界定、创作原则及其前景[J]. 西南民族大学学报（人文社会科学版），2023，42（11）：185-187.
③ BILL DEVALL, GEORGE SESSIONS. Deep Ecology[M]. Salt Lake City: Peregrine Smith Books, 1985, pp. 66-67.

然而，像其他许多生态文学经典一样，《瓦尔登湖》也存在明显的不足之处，那就是环境公正议题的缺位。具而言之，无论梭罗在谴责人类中心主义，还是在痛骂主流社会中流行的物质主义时，都只是一般地考虑人与环境之间的关系，未考虑"人"的社会属性，也就是没有考虑人在与自然或土地的接触中因他/她的种族、阶级、性别、信仰及文化等范畴的不同所产生的社会属性的差异及其不同的生存境遇。换言之，环境公正的缺位有碍于形成最广泛的环境联盟，无助于应对当今人类所面临的每况愈下的全球性环境问题，诸如气候变化、生物多样性丧失、海洋污染等，更糟糕的是，社会弱势群体的生存境遇还会伴随环境的退化而恶化。

有鉴于此，我们在研读像《瓦尔登湖》这样的生态文学经典时，应从社会与自然整体合一的立场出发，一方面要借鉴其生态学或曰生态中心主义取向的内涵，提升我们的生态意识和生态素养，甚至塑造我们的生态品格，同时还应认识到其环境公正的不足，并提防其现实转化或矫正现实中已存在的环境不公现象。唯其如此，方有可能在现实世界建构一个人天和谐、公平正义的人与自然生命共同体。

文学类通识课的思政教育模式建构
——以"名家名篇与人文关怀"为例

余夏云　刘禹杉

【提　要】 构建课程思政教育模式是贯彻习近平总书记提出的"立德树人"这一重要理念的基本途径。本文以"名家名篇与人文关怀"课程为例，研究文学类通识教育中融入课程思政元素的体系、路径和方法，探索课程在增强学生的国家意识、民族意识，强化文化自信，塑造正确价值观等方面的作用。

【关键词】 通识教育；课程思政；教育模式

近年来，党和国家都非常重视高校思政教育，提出了思政教育的具体内容和目标，旨在将思政理念融于学生的日常学习中，以有效落实思政教学。2016年12月，在全国高校思想政治工作会议上，习近平总书记再次强调："要用好课堂教学这个主要渠道，思想政治理论课要坚持在改进中加强，提升思想政治教育亲和力和针对性，满足学生成长发展需求和期待，其他各门课都要守好一段渠、种好责任田，使各类课程与思想政治理论课同向同行，形成协同效应。"[1]2019年3月18日，习近平总书记在学校思想政治理论课教师座谈会上进一步提出了"八个统一"的具体要求，为高校思想政治教育工作的创新发展指明了方向。课程思政是国家面向全学科、全课程提出的教学改革方针，其核心思想是让思政教育融入其他课程中，使教师能在日常专业性课程教学中发挥思政教育优势，建构一个相对完善的育人体系：全面发挥专业性课程显性教育作用的同时内化思政隐性教育作用，在增长认知的同

---

[1] 习近平：把思想政治工作贯穿教育教学全过程[EB/OL].（2016-12-08）[2024-03-25]. http://edu.people.com.cn/n1/2016/1208/c1053-28935842.html.

时，培养学生内在素养，最终引导学生知行合一，培养新时代高素质人才。

一、文学通识课程思政教育路径探究

文学类通识课程的思政教学设计理念是将文学文本、社会时政和思政教育有机结合，在通识教育中融合思政因素，思政教育中体现专业风貌和人文元素，将智育和德育有效融合，共同促进通识课程思政教育目标的实现。[①]文学类通识课作为"课程融合思政教育"的主要阵地，如何借助文学经典进行思政教育，是人文教育工作者应当思考的重要问题。"名家名篇与人文关怀"课程自开设以来不断摸索思政元素和现有知识体系有机融合的教学模式，关注到文学经典在价值塑造、人格养成、思维培养、情感熏陶等方面都具有重要作用。

（一）"名家名篇与人文关怀"思政教育体系构建

文学类通识课程作为思政融合教育的重点，教师在制定课程计划时一般重点关注两方面内容：一是围绕通识课程目标选择相关的社会热点、人文课程和相应的专业知识作为教学内容；二是创新教学模式，激发学生兴趣，全方位提升学生课程参与度。由此将课程思政、德育教育元素有机融入通识、专业相融合的教学体系中。"名家名篇与人文关怀"课程的开设立足于将文学经典的情感性、思想性与工具性融为一体，将知识传授与提高读写能力的训练有机结合起来，旨在帮助学生增进经典意识、提升政治修养。课程精选了16篇中外文学名篇，分别针对其所触及的不同思政问题展开教学、研讨，内容触及时间、语言、情感、信仰、自我、性别、人生、社会、历史、国家等方面。

在多年教学摸索中，"名家名篇与人文关怀"课程正逐渐构建"一个中心、双核驱动、三重理念、四维一体"的思政融合教学体系，从而将课程思政、德育元素有机融入教学体系中。"一个中心"即课程始终坚持"以学生

---

① 王英龙，曹茂永，刘玉，等.课程思政我们这样设计[M].北京：清华大学出版社，2020.

为中心"的课堂教学原则,综合运用现代化教学方法和教学手段,开展课前引导、课堂讲授,学生高度参与的互动、启发式教学模式,避免生搬硬套。"双核驱动"则是指通过问题导向、兴趣指引等方式激发学生主动学习、从国家战略的立场主动思考的内驱力,配合教师启发引导,营造适合的外部驱动场景,从而形成思政融合教学的内外合力。"三重理念"是指授课教师凝练出的"重过程、重熏陶、重实践"的德树人理念。所谓"重过程"是强调思政教育的长期性,努力将思政教育贯通在课堂和课后的全部学习环节之中,形成连贯性、"重熏陶"是指避免照本宣科,在尊重专业知识独立性的基础上,合理引导学生思考其中蕴含的思政元素。"四维一体"是指建构课程思政和德育教育元素相融合的教学体系。课程强化习近平新时代中国特色社会主义思想的思政教育理论指引,深化社会主义核心价值观,在课程大纲、课程功能定位、课程讲授过程及课外学习实践四个方面多管并发,着力强化其在思想政治教育方面的引导作用。在课程大纲的设置上,注重每个单元板块的主题化,突显思政元素,明确教学目标,依据不同教学内容,设定特别的教学方案,例如:对作家陈映真经典小说《山路》的讲授,重点围绕"红色抒情和政治信仰"的问题展开,既有对革命历史的普及性教育,亦有对当代政治信仰的重要性强调,意在启发学生从文学折射历史、感知当下。在课程的功能定位上,突出文学的情感教育功能,做到能以共情、共鸣的方式,有效达成教学目标。文学的本质是人学,是表情达意、沟通人我。课程将充分利用这一长处,积极将思政教育转化为情感教育,如对郁达夫《沉沦》的讲解,紧紧围绕"家国情怀和个人诉求"的主题展开,探讨个人命运和国家发展间的紧密关联,实现爱国主义教育。在文本的讲授过程中,强化价值引导,实践"熏浸刺提"、逐层深化论述的教学方案,避免机械教学,照本宣科。授课主题化,固然有助于明确目标,但教学效果的达成还有赖于师生的互动、教师潜移默化的引导。在此过程中,教师可以用对比法、旁敲侧击法等进行有效的价值导引。如借由讲授卡夫卡的《变形记》,指明资本主义的异化和冷漠,从而让学生认知到社会主义制度的优越性,强化学生的制度自信。在课外的学习实践和作业布置方面,主张融入生活要素,体现当代特质,引导学生观察现实社会，体会社会文明发展的新风貌，同时也鼓励其到具体的现实中去发现问题，提出问题，并培养分析问题、解决问题的能力，提升自身的思想觉悟，懂得调用正确的价值观念和思想资源来剖析社会、认识历史。

（二）课程思政元素探析

文学类通识课程的思政元素选择绝非无源之水、无根之木，其在选择上应遵循以下几个原则：一是文学理论与时事相结合。在思政教学元素选取中，紧扣《习近平新时代中国特色社会主义思想学习纲要》《习近平新时代中国特色社会主义思想学习问答》《高等学校课程思政建设指导纲要》的指导思想，精心选取与我国目前发展趋势相关的热点国情、国家政策等，加深学生对中国社会及文化发展现状的了解，从文化自信的视域下理解国家战略，提升国家政策认同度，增强民族自信心和自豪感，坚定爱国主义信念，增强历史使命感和责任感。二是紧扣中国优秀传统文化，精选中国文学经典文本，增强民族文化认同感。三是贴近学生日常生活，杜绝枯燥说教、生搬硬套的授课模式，选取学生感兴趣的热点话题，引导学生全面深远、客观理性理解问题。

由表 1 可以发现，"名家名篇与人文关怀"将思政元素与现实问题、文学专业理论知识有机融合，探索"以文育人"的新路径，原植社会主义国家观、民族观、科学观、文艺观等。阅读经典对学生的价值塑造、人格养成等方面作用明显。帮助学生通过系统地阅读和学习一部分文学经典，形成相对完善的文学意识和社会历史观念，深化学生对文学经典价值的认知与把握，并进一步发展其阅读、甄别其他文学作品的能力。民族精神是维系一个国家的精神纽带，民族传统文化是形成民族精神的基石。课程通过对部分篇目的讲解，引导学生重新思考民俗与地方经验，通过传播优秀文化经典，践行社会主义核心价值观，全方位引导学生形成正确的价值取向，传承红色基因，厚植爱国主义，培养民主意识，鼓励奋斗精神，形塑一代青年的新风貌。课程力图透过经典厘清文学自身发展的问题，揭示其深厚的历史、文化意涵，引导学生树立正确的思想观念，提升其写作水平和是非判断力，提高大学生的综合文化素养。

表1 "名家名篇与人文关怀"教学内容与思政元素引入

序号	教学内容	教学目标	课程思政元素融入
1	为何读经典,怎样读经典	导论,引导学生了解课程设置,教学目标等	社会主义核心价值观
2	危机时刻的省思:张爱玲的《封锁》	引导学生思考战争、文学和自我认知	社会主义历史观
3	青春与现实:鲁迅的《伤逝》	引导学生思考革命、现实和自我价值	社会主义现实观
4	繁华梦醒:白先勇的《游园惊梦》	引导学生思考历史、文化和艺术审美	社会主义文化观
5	时间迷宫和魔幻现实:博尔赫斯的《小径分叉的花园》	引导学生思考艺术、魔幻和时间构造	社会主义文艺观
6	语言魅影和叙事玄机:芥川龙之介的《竹林中》	引导学生思考语言、叙事和多元立场	社会主义语言观
7	科学·未来·想象:刘慈欣《诗云》	引导学生思考文化、艺术和科技价值	社会主义科学观
8	影视教学(观影):《罗拉快跑》	引导学生思考文学和艺术的同一性和差异性	社会主义文艺观
9	家国情怀和个人诉求:郁达夫的《沉沦》	引导学生思考个体、情感和国家建设	社会主义国家观
10	人生启悟和道德启蒙:沈从文的《边城》	引导学生思考民俗、爱情和地方经验	社会主义民族观
11	异化社会和冷漠资本:卡夫卡的《变形记》	引导学生思考主体、社会和资本运转	社会主义人文观
12	丝绸朋克与科幻跨国:刘宇昆《狩猎愉快》	引导学生思考国家、世界和文化交流	社会主义文明观
13	影视教学(观影):《这个男人来自地球》	引导学生思考个人、学科和世界关系	社会主义世界观

通过一系列的阅读引领,学生不仅能掌握相关的文学知识,获得有益的文学熏陶,更能从字里行间读出宇宙人生,成为有情、有思、有责任、有担当的人;在文本细读中学会从细微处看整体,从当前把握历史,从个人联系

国家，将自身放进一个具体的、切实的社会语境中，充分体验个人与时代、历史、传统的互动，形成完整的认知体系，提升认知的层次。

二、"名家名篇与人文关怀"课程思政教学设计案例

本课程精选了中外文学名篇 16 篇，分别针对其所触及的不同问题展开教学、研讨，依据不同的教学内容，制定特别的教学方案。具体教学中，以引导学生建立广泛的文学意识和培养相应的转化能力为着眼点，以理论解说、背景介绍为起点，帮助学生深入理解每一讲所阐发的知识、能力要素与读写训练目标，然后再结合课文指导学生阅读、思考和写作。学生通过课内外结合的读写实践，可切实增强自身的文学能力，以及感知时代、历史、社会等方面的能力，将文学阅读内化成价值判别力。

（一）从《沉沦》出发，强化当代社会认同、历史观与国家认知

本部分将以《沉沦》的讲解为例，分析课程如何在功能定位上突出文学的情感教育功能，积极将思政教育转化为情感教育。结合当代青年在社会和校园中遇到的问题，对郁达夫《沉沦》的讲解将紧紧围绕"家国情怀和个人诉求"的主题展开，探讨个人命运和国家发展间的紧密关联，实现爱国主义教育。在课程设计上，明确单元主题，开门见山，在每一讲的开篇以理论解说、背景介绍为起点，帮助学生深入理解本讲所阐发的知识、能力要素与读写训练目标，然后再结合课文指导学生阅读、思考和写作。

《沉沦》书写的是 20 世纪 20 年代青年知识分子面对彷徨歧路，在家国动荡背景下，个人价值无法得到实现，最终走向死亡的悲剧故事，内中包含着强烈的爱国色彩和对人生价值的探索。在授课过程中，教师广泛借用新媒体，帮助学生建立对历史的直观认知，尝试融影视欣赏、现场讲授、互动研讨于一体。课堂形式不拘一格，既有老师的讲授、学生的汇报，也有作业的老师评讲和学生互评，乃至分组辩论、游戏等。《沉沦》的故事背景是 20 世纪 20 年代，由于缺乏对历史的直观认识，学生并不能很好地体认故事所传

递的忧郁情绪。为此，教师准备了丰富的影像资料，既有时人的文字记录或摄影作品，也有相关的电影。通过多元立体地再现历史场景，实现共情效果，从而进行有效的历史知识教学。

　　在授课内容上，注意条分缕析，剖解相关思政元素，从文本细节出发引导学生思考其中蕴含的情感寄托和观念隐喻，把文学文本转变为思政素材，既读出艺术的美感，也接受价值的引导。《沉沦》至少触及三个层面的艺术问题，而这些问题无疑又关联着具体的思政内容。第一，是作品在人物形象的设计上体现出一种时代感。郁达夫所塑造的零余者形象，是时代的产物。这些彷徨的知识青年折射出时代动荡给人类心灵留下的创伤，因此可以特别探讨人与历史的关系，帮助学生树立正确的社会主义历史观。第二，作品中有大量自然景物描写。这些描写看似客观，其实都是故事中人物主观情感的投射。这种投射自然与民族国家的命运紧密关联，也与个人成长的早期环境有关，是一种世界观的显影。因此，对于风景的讨论，可以自然地延伸到对世界观的理解上。第三，作品运用隐喻，以疾病书写个体，但其实这是民族国家积贫积弱的文学再现，作者通过描写个体的羸弱，委婉指出国家富强的迫切，因此，探讨疾病，其实也是对自强、自立、自信民族观的诉求，能很好地展示思政元素。在互动讨论环节，积极引导学生跳出作品，思辨作品背后的价值寄托，强化思政主题，尤其鼓励学生联系当下，将思政元素和价值思考引入生活，彻底实现思政教育的日常化、生活化，而不是仅仅停留在课堂教学的层面，实现有效的价值贯穿。《沉沦》就作品本身的意蕴而言，当然与日本文学、俄国文学，以及近代以来起兴的感伤文学传统有着割不断的联系，但追本溯源，这种情绪或风格的形成，与近代中国的国家命运存在直接联系。一连串的政治失败，最终导向了文学中感伤情绪的翻涌，也直接促成了民族主义观念的凝聚。郁达夫的作品在这个价值层面上，无疑是关乎民族国家观念的形塑以及民族主义建成的。而且，郁达夫是通过一个青年的彷徨无助来展示这一问题的，自然又可以见证个人价值的实现，青年未来的获取，都必须放在民族国家这个基础之上来谈论，没有国家便没有个人。由此延伸，当代中国虽然物阜民丰，国家安定，但是，这种状况取来不易，以及即便在此状况下，个人价值和国家强大依然具有密切关联，是学生必须清楚意识到的问题。

课后的拓展阅读和作业安排，鼓励学生举一反三，寻找相似的作品，体认其中的价值意涵，将课堂教学和实践教学相结合，充分发掘学生在应用知识、理解知识、提升内化知识方面的潜能，将思政元素贯通落实到课后的阅读认知之中，实现教学合一。在这方面主要发挥助教的功能，为学生推荐相关的阅读材料或者学习平台，通过不同的故事、不断地阅读，以及课后作业，巩固强化课堂所学，把思政的思路带到自己的自主学习中，起到活学活用的效果。在这方面，左翼作家的作品，尤其是其中关于个体受到时代打压、面对民族不幸而导致个体悲剧的故事，与《沉沦》具有相似性，可以起到同样的教育作用，帮助学生理解郁达夫的故事不是孤例，而是一种历史事实的典型反映。

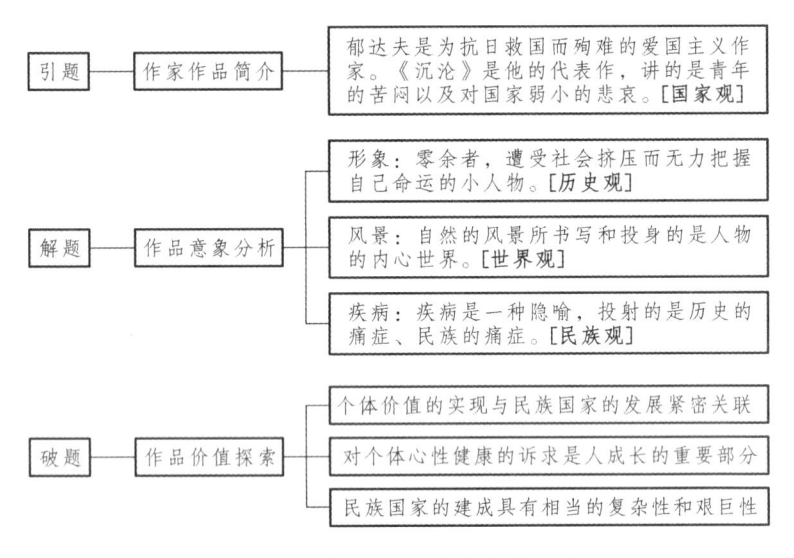

引题 → 作家作品简介：郁达夫是为抗日救国而殉难的爱国主义作家。《沉沦》是他的代表作，讲的是青年的苦闷以及对国家弱小的悲哀。[国家观]

解题 → 作品意象分析：
- 形象：零余者，遭受社会挤压而无力把握自己命运的小人物。[历史观]
- 风景：自然的风景所书写和投身的是人物的内心世界。[世界观]
- 疾病：疾病是一种隐喻，投射的是历史的痛症、民族的痛症。[民族观]

破题 → 作品价值探索：
- 个体价值的实现与民族国家的发展紧密关联
- 对个体心性健康的诉求是人成长的重要部分
- 民族国家的建成具有相当的复杂性和艰巨性

图 1 《沉沦》具体教学安排导图

（二）课程教学效果与评价

教师在授课过程中，尤为关注思政教育的深度和广度，注重通识教育在价值塑造中的重要作用。阅读经典对学生的价值塑造、人格养成等方面作用明显。"名家名篇与人文关怀"的授课重点在于评析经典作家作品，以及作品中蕴含的现代民族国家建成的积极内涵。课程力图透过经典厘清文学自身发展的问题，揭示其深厚的历史、文化意涵。课程主讲人重点思考经典的普适性，尝试从个人体验的角度帮助学生建立与经典的联系，借助经典进行思政教育，让阅读向悦读转变。在授课的广度之外也要注重思政教育的深度，注意把握专业知识与思政元素的内在关联。除《沉沦》外，如"科学·未来·想象：刘慈欣《诗云》"一讲中，教师在引导学生思考文化、艺术和科技价值的同时，也关切到中国现当代文学的海外传播研究情况。该领域天然地涉及民族意识、国家观念、文化自信等思政内容，因此，如何引导学生客观、准确地评说中国文学的海外传播成果，既是一个严肃的学术问题，又是一个具体的思政问题。在文学与思政的融合问题上，鼓励学生更加全面、历史地理解文学的思想政治性以及其对锻造现代文学品质的作用。在革新思政教育的授课形式方面，主讲人能够积极应对"互联网+"时代教学模式的变革潮流，参与线上课程建设，摸索翻转课堂的授课可能。目前课程正在积极完善"线上线下混合"新形式，充分利用多维教学平台、QQ 群、腾讯会议等同学间互帮互促的课程交流平台，及时为学生解惑，未来有望向校外推广，以达到更好的教学效果。

"名家名篇与人文关怀"是学校力推的"最受欢迎的通识课程"之一。从课程随堂问卷反馈意见以及课后调研的结果来看，该课受到广大学生的好评，有效地实现了在理工科为主的高校开展人文教育、提升理工科学生道德意识和审美趣味的设课目标。课程以爱国、历史、信念、情感等为主题，配合选取若干文学作品进行课堂分享，鼓励学生参与讨论，形成了良好的学习氛围，在潜移默化之中实现了思政教育的目的。

三、文学通识课程思政教育模式建构意义

新时代背景下，我国高校教育肩负着为中华民族伟大复兴培养优秀专业人才的重要使命，要求授课教师在教授学生专业基础理论知识和技能的同时，还要培养学生的思想道德品质和提升其综合素养。探索通识类课程的思

政教育模式是贯彻习近平总书记提出的"立德树人"这一重要理念的基本途径，通过将专业教育和思政教育的有效融合，将道德修养内化到人、时代、学术和行政联系中，以立体的、多元化的教学模式，将专业知识和技能的传授以及职业素养的培养相结合，让学生获得更深刻的教学体验。

构建文学类课程思政教育模式不仅可以实现"文以载道，文道结合"的教学目标，而且能借助课程思政帮助学生形成正确的思维方式和高尚的人文精神。教育观念的转变是实现教育目标的重要途径，教师要积极转变和创新教育理念，将课程思政建设与专业教育深度融合，更进一步提升教学效果，实现教学目标。新时代的人文学科教师要践行先进的教育思想，通过构建课程思政教育模式，培养学生正确的世界观、人生观、价值观，有效凸显文学类课程的知识性、人文性和育人性特征，从而构建全面深化的思政教育模式。

"名家名篇与人文关怀"课程立足于新时期的时代风貌，因时因势不断优化、调整课程内容，深化以文化人、以文育人的教学理念。通过系统地阅读和学习一部分文学经典，帮助大学生提高文化素养，助其形成相对完善的文学意识和经典观念，并进一步深化对文学经典价值的认知与把握，进一步发展阅读、鉴赏作品的能力。该课程通过将文学经典与思政元素融合，逐渐培养学生对人类情感和心理世界的体察与领悟力、对社会现象和历史故实的洞察与批评力、对人文传统和世界文明的感受与发展力，积极吸收文学经典的正能量，将经典的启示努力转化成精神财富，帮助学生树立正确的义利观、价值观和人生观。积极引导学生将文学经典阅读提升到文化批评的层面上，在比较文学的视野之中既充分尊重世界各国经典的多样性，也时刻关切其文化的差异性，去粗取精，并从中辨识出一条中华文化独特的发展路径，主动传承和推动中华文化走向世界。全方位引领学生传承红色基因，厚植爱国主义，激发奋斗精神，形塑一代青年的新风貌，从而适应新时代社会主义现代化建设的发展需求。

通识课程建设中"大思政课"理念的实践运用

——以西南交通大学"悦读与旅行"课程为例

杨都强　郭立昌　余卉　李艳梅

【提　要】近年来，作为"数字原住民"的大学生学习动力不足、对学习内容兴趣弱、学分意识异化等问题成为通识课程建设的难点，其背后是传统课程授课形式单调、知识结构单一与考核方式单纯等问题，无法适应互联网中成长起来的学生所面对的真问题多、社会化早和自我感强的特点。"大思政课"包含了大课堂、大教学、大教材、大先生和大时空等课程要素与理念，对新时代高校课程建设具有指导性意义。课程"悦读与旅行"从"阅读和旅行"的角度切入，具有课程形式强实践、授课内容跨学科与自增值考核方式的优点，体现了"以教师为主导、学生为主体、学习为中心"的教育教学理念；教会学生生活即学习，以"学、思、悟、达"的审视自觉，把感性经验上升为理性认知，是对"大思政课"理念的有效实践，对通识课程建设与创新具有参考价值。

【关键词】通识课程；大思政课；课程建设

引　言

通识课程作为大学课程设置中的重要组成部分，更注重知识传授与价值引领相结合，以回应"用专业知识教育人是不够的"[①]的情况，但在普遍追求高效率的社会影响下，面临诸多困境，难以发挥育人功效。特别是随着互

---

① 本刊评论员. 培养德智体美劳全面发展的社会主义建设者和接班人[J]. 求是，2018（18）：9-10.

联网成长起来的学生进入大学，传统课程已经不能很好地适应他们的学习需求，从而出现了学生学习动力不足与对学习内容兴趣弱的问题。同时，课程学习考核方式陈旧，学生上课异化成了单纯的赚取学分。通识课程建设无法达成开设初心、形成良性趋势。

"大思政课"的特点在"大"，中心点是"思政"，落脚点在"课"，为新时代课程建设指明了新方向，提出了新要求。习近平总书记指出："'大思政课'我们要善用之，一定要跟现实结合起来。""思政课不仅应该在课堂上讲，也应该在社会生活中来讲。"[①]这为高校课程建设提供了方法指引，特别是为"注重知识传授与价值引领相结合"的通识课程建设提供了路径依循。

西南交通大学"悦读与旅行"课程经过四年思考实践与迭代优化，取得了较好的成效，从"阅读和旅行"的角度切入，具有课程形式强实践、授课内容跨学科与自增值考核方式的优点，体现了"以教师为主导、学生为主体、学习为中心"的教育教学理念；教会学生生活即学习，以"学、思、悟、达"的审视自觉，把感性经验上升为理性认知，符合高阶思维形成逻辑，是在通识课程建设中对"大思政课"理念的有效实践。

一、通识课程建设的困境

追本溯源，古希腊哲学家亚里士多德提倡的自由教育经过欧洲大学的承袭与发展成为博雅教育，即如今通识教育的原有概念。其根本目的在于探求真理，发展人的理性与心智。工业革命后，世界范围内兴起了实用主义与功利主义的浪潮，使得专业教育成为主流，而通识教育被边缘化。19世纪后期，以欧洲自由学科为基础形成的博雅教育在美国演变为通识教育，经过多年的实践探索，推动了通识教育理论与实践的蓬勃发展。尽管对于通识教育的定义尚未形成定论，但"全人培养"作为其根本理念深入人心，通识教育已成为现代大学教育的重要组成部分。通识课程是大学课程体系中不可或缺的一环，让不同学科的知识能够相互融合，学生遇到问题能够从开阔的视角进行

---

① 杜尚泽."'大思政课'我们要善用之"[N].人民日报，2021-03-07（01）.

思考。同时，通识课也具有隐性思政课程的功能，在潜移默化中开展理想信念教育，在提升学生综合素养的过程中也注重厚植理想信念。

但到了互联网时代，通识课程的建设再次遇到冲击。随着新技术的迅速发展，社会普遍追求高效率，对人才的综合素质和创新能力要求大幅增加，对高校人才培养提出了更高的要求。一方面，通识教育的作用被广泛认可，地位进一步提升；另一方面，通识教育在理念和实践中还存在较多需要改进的部分，以适应新环境、新形势和新趋势，特别是对于成长于互联网环境的教育受众——当下的学生群体而言尤甚。对"数字原住民"的学生来说，互联网已经是一种真实空间存在，他们的生活方式与思维模式紧紧依附于互联网，同时，互联网作为"元宇宙"的重要部分，给学生提供了"社会化"的场域，这些学生形成了"真问题多、社会化早和自我感强"的特点，对高校课程教学提出了全面的挑战。[1]

西南交通大学是一所在轨道交通领域享有盛誉的研究型大学院校，是"交通大学"最早两大源头之一，在"交通强国"等国家战略中占据重要分量。从这样的背景出发，通识课程"悦读与旅行"把"激发各专业学生自觉将专业志趣与轨道交通发展融合，使其适应'一带一路''川藏铁路'建设等国家战略，培养'大交通人才'"作为课程落脚点，将"培养能力与格局并重、知行合一的时代新人"作为课程目标。

课程"悦读与旅行"需要着重解决几个重点问题。第一，如何改变学生对阅读与旅行的粗浅理解，实现从单纯感性欢乐到丰富理性愉悦的升级，形成了"学、思、悟、达"的审视自觉。培养学生认识社会、研究社会、理解社会、回馈社会的意识，完成高阶阅读与旅行知识、方法和能力的教授与培养。第二，如何引导师生从对"答案导向"被动接受之固有模式的顽固依赖，到"过程导向"实践体悟之新主张新路径的深度认可，帮助学生树立正确的"三观"。第三，如何解决教师"一站到底"难以全面激发学生学习动力和专业志趣的问题，既要确保方向正确，又要体现科学性，把握时代性，做好思

---

[1] 杨都强.《职业生涯与发展规划》"教学合作共同体"线上课程体系构建与实践初探[J]. 创新创业理论研究与实践，2021，4（13）：93-96.

想性与趣味性结合，激发各专业学生自觉将专业志趣与轨道交通发展融合，使其主动对标"一带一路""川藏铁路"建设等国家战略，培养"大交通人才"。

二、"大思政课"的核心要义

2021年3月，习近平总书记在看望参加全国政协十三届四次会议的医药卫生界、教育界委员时提出："'大思政课'我们要善用之，一定要跟现实结合起来。"[1]此后，教育部于同年11月印发《高等学校思想政治理论课建设标准（2021年本）》，明确将建设"大思政课"列为思政课课程评价的重要指标之一，要求突出实践教学，全面提升育人效果。习近平总书记指出："思政课不仅应该在课堂上讲，也应该在社会生活中来讲。"[2]这既为新时代高校课程建设指明了新方向，提出了新要求，也为课程建设提供了方法指引，特别是为"注重知识传授与价值引领相结合"的通识课程建设提供了路径依循。

从课程建设视角来看，"大思政课"的特点在"大"，中心点是"思政"，落脚点在"课"，关注的是学校中的一切课程的"教育性"，点明了社会生活中的"价值性"，既包含"专业教育价值"，又着重强调包含"思政教育价值"。"大思政课"包含了大课堂、大教学、大教材、大先生和大时空等课程要素与理念，[3]善用"大思政课"意味着教师要有"大队伍、大视野、大情怀"，学生要能"立大志、成大才、担大任"，内容要讲"大时代、大成就、大道理"，社会要提供"大协同、大阵地、大资源"。

将"大思政课"理念贯彻落实到教学活动中，应当遵循思想政治工作规律、教书育人规律与学生成长规律，更要充分结合现代教育学理论与要求。首先，要加强师资队伍建设。要提升教师群体的能力和素质，必须打造一支能胜任"大思政课"讲授的教师队伍。教师要具备坚定的政治意识，充沛的家国情怀、突出的理论素养和全面的综合能力。其次，要全面回应

---

[1] 杜尚泽."'大思政课'我们要善用之"[N]. 人民日报，2021-03-07（01）.
[2] 杜尚泽."'大思政课'我们要善用之"[N]. 人民日报，2021-03-07（01）.
[3] 韩可. 课程论视角下"大思政课"的实施维度与实践理路[J]. 思想理论教育，2022（5）：72-77.

学生的需求。人本主义教育理念认为，学生会在对外探索中备受鼓舞而不断地"发现学习"。[①]通过加强实践性可以达成思想性与趣味性的融合，同时破除互联网对课堂教授知识消解带来的学生学习动力不足与兴趣弱的苦恼，充分体现"以学生为中心"的理念。再次，要精准优化教学内容。经验化课程的效率与效果要充分结合学科课程的方法，不能完全生活化与娱乐化，以牺牲学生深度学习为代价提升学生学习主动性也可能得不偿失。因此，在课程目标框架下精选优质内容成为必要。最后，"大思政课""应该在社会生活中来讲"，健全协同育人机制。不将课堂环境拘泥于学校教室而走向社会、企业与工程一线的转变是课程之"大"在形式上的体现，但要特别注重避免实践课时的松散感。这需要良好课程资源组织与管理，形成校企、校地、校社联动机制。

西南交通大学第十五次党代会报告提出"坚持立德树人，培育时代新人""造就有格局、有情怀、有视野、有担当的新一代西南交大人"。《西南交通大学关于落实"时代新人铸魂工程"的实施方案》提出："依托校内外红色教育资源，巩固科学家精神基地、轨道上的思政课等工作""创新'开门办思政'举措，凝聚社会育人资源和力量"等方法举措。这些为"悦读与旅行"课程的开设提供了直接指导与资源便利。在课程中充分地运用"大思政课"理念、方法与资源需要一番精心的思考与设计。

三、《悦读与旅行》的实践理路

西南交通大学通识课程"悦读与旅行"充分把握"大思政课"理念与方法，注重体现"以教师为主导、学生为主体、学习为中心"的教育教学理念，以学校"'大交通人才与科技'有效供给"的办学定位与外部资源为依托，从筑梦中国、筑梦高铁、筑梦青春三个层次开展理论和实践教学，以阅读与旅行的"学、思、悟、达"为路径，培养能力与格局并重、知行合一的时代新人；激发各学生自觉将专业志趣与轨道交通发展融合，主动对标"川藏铁

---

① 汪凤炎，等. 教育心理学新编[M]. 广州：暨南大学出版社，2019.

路"建设等国家战略，成长为"大交通人才"。

课程教学目标的设定契合新时代高校教育的根本要求，也符合学校办学定位。培养能力与格局并重、知行合一的社会主义时代新人是对青年学生历史责任和时代使命的显化强调和有效督促，以阅读与旅行的"学、思、悟、达"过程导向为路径，创新模式促进学习成果的达成。对照"大思政课"的理念与方法，课程主要在以下方面完成了优化迭代。

1. 以教师为主导，打造素质过硬的授课团队

教育部高教司司长吴岩提出："抓'金课'的根本是抓'金师'"，"教学改革改到深处是课程，改到痛处是教师。"[1]抓好课程教师队伍建设是课程建设的核心问题。"悦读与旅行"教学团队由专业教师、实验室科研人员、思想政治辅导员和教学管理人员构成。特别是团队中80%的教师正在担任辅导员或具有辅导员经历。辅导员作为高校思政工作的第一把门人，同时担负着高校育人工作的一线重任，具有讲政治、想干事、敢担当的特质。[2]同时，60%的教师拥有轨道交通领域专业博士学位，涉及专业包含机械设计与理论、思想政治教育、市政工程和文学，具有突出的理论素养和全面的综合能力，学科优势互补、结构科学、分工合理。课程涉及多个学科知识的学习和多领域能力的锻炼，通过课程小组项目制运营推进，教学内容和教学策略能有机结合、互为补充，体现了教学团队的理论深度和设计用心，也为学生自主学习、团队合作与可持续发展提供了很好的训练场域。教学团队建设与课程研讨常态化进行，定期开展交流与培训提升教育教学能力，输送青年教师走出去参与相关教学培训，助其成为教练型教师，提升其作为引导者、教练员的能力，促进课程提质升级。

2. 以学生为主体，强实践激发学生学习需求

课程采取理论教学为辅、实践教学为主的教学方式，把握深度与广度关

---

[1] 王鉴. 课堂观察与分析技术[M]. 兰州：甘肃教育出版社，2014.
[2] 杨都强.《职业生涯与发展规划》"教学合作共同体"线上课程体系构建与实践初探[J]. 创新创业理论研究与实践，2021，4（11）：93-96.

系，让学生"跳一跳"完成课程要求，用实践教学中的小组合作、参观实践与总结汇报让学生适度忙起来。教学内容和教学策略有机结合、互为补充，在具体实施过程中聚焦课程目标的实现，在目标、内容、方法与功能等方面充分挖掘课程思政元素，运用"大思政课"理念，结合思想性与趣味性，注重润物无声的策略设计与过程把控。实践教学可唤醒学生的深层次学习动机，优质的实践教学基地使得课程像一门素质拓展型理论课，一门生动的3D实景专业课对激发学生专业志趣与报国情怀有很好的效果。通过实践教学，学生在"学""做"和"教"的过程中完成自我教育、自我驱动，形成传承学校"交通强国"使命的自觉，激发内生学习动力与砥砺奋斗的人生态度。在学生普遍关心的成绩评定方面，课程通过教师评价、小组互评与受众体验评价的方式，确保公平性、科学性和真实性，既确保了老师的宏观与深度把控，也体现了课堂的师生交互融合、团队合作和自我觉察的特点，是目前教学改革的主流方向。特别是受众体验评价的方式使学生获得真实的社会反馈，是传统课堂评价与成绩评定的突破与创新，使学生获得很好的社会成长意义，这也是课程实践性强带来的一大亮点。

3. 以学习为中心，优化层次模块与知识结构

课程教学内容从"筑梦中国""筑梦高铁""筑梦青春"三个层次开展理论讲授和实践教学，理论教学包括"基础、检视、分析、主题"四个层次阅读方法和"组织、策划、评估、实施"四个旅行步骤；"四史"及轨道交通发展史知识；"认识、研究、理解、回馈"社会的基本要义；领导、策划、团队合作、宣讲等多方面知识。课程内容涉及多个学科知识的学习和多领域能力的锻炼，通过学习和实践让学生感受社会主义制度的优越性，坚定理想信念，树立正确世界观、人生观和价值观。课程为学生提供了丰富有效的课内外实践教学基地和学习资源，包括红色筑梦之旅基地：四川建川博物馆（四川大邑）、北川新址永昌镇（中国红色文化实践基地）、战旗村和青杠树村（四川省实施乡村振兴战略示范村）；高铁筑梦之旅基地：全国铁路科普基地（西南交通大学牵引动力国家重点实验室）、成都轨道交通集团公司、成都铁路

局、中国中铁第二勘察设计院；青春筑梦之旅基地：校图书馆、校史馆、校机车博物馆、四川图书馆、郫都区大都会社会、金牛区九里堤社区。与此同时，学生还可以通过延展课外学习与实践发挥课程实践教育基地和学习资源的作用，比如利用"三下乡"社会实践和"互联网+"等创新创业活动，从而总结反思，不断提升自我。

四、课程获得的反馈、成效与反思

"悦读与旅行"课程累计开课9学期，取得了较好的成绩与育人成效。就客观指标与外部成绩而言，课程连续7个学期被学生票选为学校"十大最火"课程之一，学生课后匿名评价4.93分（满分5分）。课程学生组队前往"川藏铁路建设沿线实践"获得"三下乡"社会实践全国优秀团队、"互联网+青春红色筑梦之旅"及服务外包创新创业大赛等十余项的好成绩。课程入选校首批"课程思政"与"一流课程"建设，被评选为省级一流课程。课程团队教师申报课程相关"大思政"项目3项、教改项目2项、统战特色"红石榴工程"项目1项。

就主观体验与内部感受来讲，课程组对学生的课程反馈进行文本分析发现，该课程是"最喜欢的课程之一""唯一不逃课且没有走过神的课""出勤率最高的一门课程""繁忙大学生活的一剂镇定剂""每周最期待的一门课""第一次不为成绩而上的课""一生难忘的一堂课""一门可以带来震撼的课"等等。

在综合感受方面，学生普遍受到震撼，认为能够让自己在感性欢乐中找到理性愉悦："提升我们的格局和境界""丰富了我的精神世界""可以改变生命的宽度""'悦读与旅行'课程像极了一个能量供给站""目前为止上过所有课程中，最让我有兴趣每周用两节课去感受、实践和分享的。单从课程内容的跨度、深度、温度而言，它就极大地满足了我的好奇心和兴趣，太多太多值得回忆和思考的元素了""带来的不仅是眼界的改变，也可能是内在的改变，它可以让我们变得更为开放、更善于与人交流""如果有人问我选什么课，我一定会向她推荐这门课"……

在课程参与度与授课方式的评价中,学生表现出积极参与全情投入,认为获得了一种有别于传统课堂的全新体会,感受到一种全新的授课方式,有从被动接受到主动投入的姿态转变。这是"学生为主体"理念的最好诠释:"'悦读与旅行'课程给了我太多太多的惊喜!首先让我感受了不一样的授课方式""让我从一个学生变成一个老师""调动了同学们的积极性,还让同学们在实践中践行理论知识,丰富课余生活""如何让学生在课上认真听讲、不玩手机一向是老师头疼的问题,也许'悦读与旅行'根本不用纠结这一点,因为课程会让你全身心地投入和沉醉其中""采用团队合作的方式,让我认识更多的朋友,收获了满满的同学情""极大地增强了我们学习的主动性和提升了我们的综合能力"……

在课程态度、知识与能力目标达成方面,很多同学表现出行为态度的转变、认知思维的提升与工作技巧的收获:"充分锻炼了自己的表达能力和信心""纸上得来终觉浅""我第一次尝试了模拟驾驶动车,我真的好开心!!!""大家都被这个神奇的实验吸引了,我也畅想了一下未来能坐上这样的磁悬浮列车是什么感觉""确实对列流图有了更深的理解""大学里教授的是一种思维、一种解决问题的能力,因此当自己不具备这样知识的时候,只能通过不停地请教前辈和通过再学习来提升自己,所以千万不要怕问""遇到事情要慎之又慎,图纸上一个小的误差就可能在现场造成无法挽回的后果,这一点在实践中关注到梳理动车开行情况时深有体会""通过实践我们也知道拥有健康强健的体魄是全力投入工作的基础和保障"……

在课程价值目标达成方面,学生在"学思践悟"中表达了对正确价值的"真信真懂真用"的认同与期待:"小伙伴都不停地感叹'This is china'。""感叹祖国真伟大""深知自己肩上责任重大""体悟到了抗震救灾精神和灾后重建的中国力量和中国速度""《轮轨丹心》这本书是沈志云院士的传记,我从中学习了沈老的成长经历,也看到了参观过的牵引动力实验室的发展史,感觉既震撼又新奇""知道了高铁这张国家名片,那种作为交大学子的自豪感油然而生""我能不能为家乡的建设贡献一份自己的力量?答案一定是肯定的""我应该好好把握大学时光,丰富大学生活,让人生更加精彩""我会对人生有更多的思考,更热爱母校,逐渐也在思索自己的专业能在轨道交通行业中能干什么""近距离接触老兵的'手印',在这一过程中,我深深体会到了生命的厚重和伟大""与其说是实践,不如说是一次与生命的对话、一次生命之旅,一边生活工作一边问着自己,这,究竟是不是自己想要的工作和生活。随着对实践的深入,我们寻求内心的答案,那就是希望通过努力未来也成为一个铁路设计者,投身祖国的轨道交通建设事业中,继承和发扬学校竢实扬华自强不息的交大精神,为了给社会和国家的基础建设作出自己的一份贡献"……

同时,教师团队在授课中表现出思维升级、视野开阔、师生关系方面都得到了很好的提升,形成了"育人达人、达人成己"良好趋势,教师们表示通过课程教授收获颇丰:"亦师亦友""从学生身上学到很多""对现在的大学生群体要用欣赏的眼光去看待,如此,能更好地形成'师生互促共进的学习共同体'"……

应当说,在"大思政课"的理念与方法指引下,课程在先进的教学理念、优秀的教学团队、精心的教学设计与优质的教学资源等方面取得了良好育人成效,对通识课程建设与创新具有参考价值。与此同时,为了更好地提升课程质量,带动高校教育教学改革与质量提升,可以从以下几个方面开展进一步探索:①做好教学成果的提炼总结与宣传,扩大课程影响力,发挥课程入门门槛低的优势,引领和带动更多的学生群体"以学习为中心",自我驱动、实践成长。②进一步提升师资队伍的引导、教练能力,在课程理论讲授和实践教学的各个环境中提升学生参与感,发挥学生学习主人翁意识,保障和提升课堂效果。③进一步发挥学生间的传帮带与协同共进的作用,搭建课程历届学生交流平台,做好课堂学生成长档案,加强学生更长时间跨度成长的关注与跟踪,探索新的有效考评方式。④加快对课程教育教学模式的整理归纳,编写整套教案或教材,形成一套具有科学性的教学模式,增加课程开设数量,同时将课程理念和模式推广至其他课程与高校。

教学内容

基于写作能力迁移的大学写作课程的构建

周东升

【提　要】写作能力是当代大学生的基本能力，大学写作课务必认识当前大学生的实际写作水平以及写作能力的具体内涵，才能在教学实践中确立明确的能力目标和建立有效的训练方案，切实提高大学生的写作能力。大学生在中学阶段的作文训练中，已经获得基本的语言表达能力，大学写作的首要问题便是在中学语文教育的基础上，将中学写作能力迁移到大学生的写作训练中，并根据大学生的专业需求进一步提升它。如何迁移并提升写作能力，一部分国内高校已经走在了前列，在教学理念、课程设置及师资建设方面，逐渐向世界名校靠近，而我校的写作课程改革还处于起步阶段。本文基于斯坦福大学的"写作与修辞"课程教学体制及经验的考察，结合我校通识课建设的现状，提出以我校通识课为基点、构建写作课程组的基本方案，为我校教学改革提供一定的参考。

【关键词】大学写作；中学作文；写作能力；课程改革、通识教育

进入 21 世纪，写作作为一种必不可少的专业能力、职业能力以及自我主体建构的能力，已经得到普遍重视。欧美各国的高校，写作（和修辞学）基本上已成为本科阶段的必修课。该课程不仅重视学生的基础写作和专业写作能力，也通过写作教学加强学生创造性思维和批判性思维的培养。从 20 世纪 60 年代起，美国已开始探索创意写作，各高校纷纷开设写作工作坊，以兴趣为导引，以过程指导为重心，培养各种类型的写作人才。相比之下，国内高校对于写作能力的培养显然重视不足。直到进入 21 世纪后，新型的

写作观念才初步确立，马正平主编的系列高等写作教材，最早将写作思维训练及写作过程作为写作教学的中心；以上海大学为代表的一批国内高校，开始了写作工作坊的实验。但作为一门基础性的课程，写作课在国内高校仍然处于一种举步维艰的严峻状态，课程理念、教学方法以及师资问题、学生的能力及兴趣问题等都阻碍着课程改革的进一步推进。本文基于这样的背景，从现代写作学的视角重新审视当下高校写作教学的限制，并试图提出一种新型写作课程体系的建构设想，以期缓解当前社会对写作人才需求与大学生写作能力不足的矛盾。

写作课程的开设，其根本目标就是要提升大学生的写作能力。然而，提升写作能力的瓶颈在哪里？为什么经过12年的语文教育和大学的写作训练，我们的毕业生仍然在写作能力方面有着严重的欠缺？这是多年来中国高校写作教学反思与改革的盲点。要回答这些问题，重构当代大学写作课程，我们必须回头客观地审视中学语文教学的特征，包括优点和缺点，以及造成这种特征和结果的教育体制。

一、当前大学生（first-year student）的写作究竟处于何种水平？

一个显而易见的事实是，在当前特定的社会条件下，不论初中还是小学，语文教育都表现出较强的应试特点。这并非因为语文教师、学校行政人员的刻意而为，或者教育部门的不作为，而是由高考在中国社会中的特殊功能决定的。高考作为一种制度，对于具有特定国情的中国社会，起到了超乎普通人想象的重要作用。它既是人才教育、人才选拔、人才分流的工具，也是减缓阶层固化、加快社会流动的调节器，同时，通过招生名额的调控，还可以平衡就业市场，等等。比起古代的科举考试，高考对今天的社会起到了更为重要的驱动和调节作用。因此，这样一个社会运作的枢纽式动力机制，在公平公正方面要求更加严格。为了尽量减少高考成绩评判标准的主观偏差，考试的内容必然要以客观性的知识为主体。像作文这种主观化极强却又不得不考的内容，也只能尽量削弱它的主观性而强化它模式化一面。

在中学语文教学中，回避主观化、个性化的写作教学，走向知识化、模式化，顺应高考制度的内在要求，就能确保考试不会过多失分。这导致中学作文训练着眼于优美的文辞、固定的框架和美观无误的书写；学生写作时的读者想象也被仅仅限定为阅卷老师，不会也不必向更为广阔的社会群体敞开。这样的训练是基础性的，但有效。大学的写作就是在这种知识化、模式化的训练结果上开始的。客观上看，它确实存在诸多弊端，并且在一定时期内这种弊端也不可避免，因此大学的写作教学，一方面要正视弊端及其不可避免性；另一方也要看到这种模式化训练确实为学生打下了一个坚实的知识基础，大学的写作仍然有一个较为扎实的起点。以往高校写作教学对此的认知是模糊不清的。如今必须在这个起点上，思考如何有效将学生的应试写作能力转化为应对社会、人生、学习、工作和生活的实际能力，如何重构大学写作的思维方式、教学方式、知识领域及能力要求，这是新时代教学改革不可推卸的责任。

对于大学生写作能力的评估，多是印象式的感受或特定情况下的评判，比如论文写作中经常出现的语言、结构及论证问题，这样的评判显然是不全面的。

中国的高考制度决定了中学语文及作文的教学方式和教学目标，也决定了我国的大一学生写作基础和欧美大一学生不同。美国很多大学的一年级学生都要接受"写作与修辞"（Writing and Rhetoric）课程训练，从确立写作对象，提交写作计划，到收集材料，展开论证，写成论文，再到口头报告，一套流程，顺理成章。学生也不觉得陌生，因为他们从小学就开始接受这样开放的、探索式的写作训练。而我们的中学生接受的更多是纯粹的语文训练，以文学文本和文学手法为主要学习内容，以文学体裁为主要写作训练对象。初高中虽有大量的议论文训练，但对于大学论文写作并无直接的帮助。议论文不过是论文的抽象化，仅仅体现了提出问题—分析问题—解决问题的基本框架，没有真正地展开训练，也没有展开训练的时间和条件。因此，这个原本具有启发性的思维框架，又被简化为"提出论点—使用论据证明—得出结论"的低级模式（论据则简化为名人名言和一些脱离语境的特定事例），用简单的引证和例证代替逻辑严密的推理和归纳。而抒情、叙述类的写作，为了便于掌握和保证不过多失分，多数老师都会特别强调开头、结尾、过渡、照应等技艺方面的模式化训练。这样的作文教学既训练了学生的写作能力又封闭了它，使得学生在特定领域里写得十分熟练，而离开这个领域又不知所措，毫无应对能力。

可见，关于大学生写作能力不足的问题，实质上是中学阶段训练的写作能力同大学和社会对大学生写作能力的要求不相符的结果。因此，大学写作课要解决的首要问题就应该是，如何将中学写作能力迁移到大学生的写作中。事实上，这并不需要反复的、过多的训练，而主要靠观念上的启迪。在我校的教学实验班，经过 2~3 讲课程的启发和讨论，大一学生很快就能从中学写作的封闭圈中跳出来，写出文笔流畅、逻辑性强的文字。同时，这种启发也不必专门为之，如果我们能重新规划大学写作课程，以开放、探索式的教学理念将学生引向大学写作的新领域，能力的迁移便水到渠成。我们必须承认，大学生写作能力问题主要是我们的写作教学观念及模式的问题。解决这个问题和如何理解"写作能力"密切相关。

二、写作能力究竟是怎样的能力？

当人们谈论"写作能力"时，究竟在谈论什么？当人们对大学生的写作能力提出要求时，他们究竟需要的是什么？这种提问正呈现了写作要面对、解决的问题的一个方面：即我们的表达是否具有明晰的表达对象，我们是否准确地表达了我们要表达的要求或想法？要正面回答它并不容易。

我们对写作能力这个概念的理解常常是模糊的。写作能力究竟是一种怎样的能力，不能抽象地、本质化地理解，只有把它放在具体的实践和要求中才会有清晰的内涵。比如论文写作过程中，它就体现为论文写作的能力；在文学写作过程中，它就体现为文学写作能力；在公文写作过程中，它就体现为公文写作能力。这些能力相互之间的差异性远远大于它们的相似性。一个写论文的高手，如果没有公文写作的常识和经验，就很难写出合乎规范的公文。不同的应用场景规定了写作能力的性质。以往的写作教学往往忽略了对概念内涵因适用场景不同而变化的辨识，笼而统之又高度抽象地看待写作能力，不切实际地想通过一门概论式的写作课解决写作的所有问题，提高各种不同的写作能力。这种想当然的代价是惨痛的，不仅写作课落下了坏名声，更浪费了一次次宝贵的机会和课堂时间。

当然，各种不同的写作能力确实也有相近的方面，比如在用字、用词、造句方面的基本表达能力，而这一点在初高中阶段早已完成，进一步提高要靠学生的个人训练。就"写作能力"的内部差异而言，综合性的、系统性的、基础性的传统写作课就应该拆分为一门门具有针对性、实用性、实践性和专业性的小课程。像斯坦福大学的"写作与修辞"课程组那样，一门课包含380多门专题课，仅2020秋季就一次开出76门专题课。麻省理工学院秋季也开出了30多门写作课。国内高校唯有清华大学在这一方面迈出一步，它在2020年开出50多个"写作与沟通"教学班。事实上，不能按照场景需求去分解写作能力，不能进行小班级、专题式的指导、训练，任何提高写作能力的主张都是空谈。

除了对写作能力作外延的分类理解，我们还可以通过辨析写作这个概念本身来理解写作能力，这将有助于我们设计写作教学的课堂及方式。在我国文化语境中，写作常被理解为文学创作。因此，提及写作，便想到小说、诗歌、散文、剧本的写作。这是一种极为狭义的写作概念。根本上言，写作即表达，它不仅仅意指"写"这个动作发生的那种状态，它是一个过程，包括写之前的对象选择、计划或提纲拟定，写作时对同类文本的比较、分析，以及写之后的修改、报告或发表等操作过程。同时它也包含谁在写、怎么写、写给谁、要达到何种效果、怎么保证效果达到等一系列认知的心理过程。如果从广义上界定写作课程，我们可以借用斯坦福大学的描述：

写作与修辞1（即Program in Writing and Rhetoric 1）的课程目标是：学生在写作过程中，将提升创意、起草、基于反馈进行修改和反思的经验；学生将提升阅读和分析文章的能力，考虑到作者、听众、文化背景、目标、论证策略和诉求之间的关系；学生将提升撰写有理有据的论点的能力，并在考虑到听众、目的和体裁的情况下写出有说服力的文章；学生将提升研究技能，包括拟定一个重要研究问题的能力，检索、分析和评估相关文献材料的能力，包括纸质的和数字的文献资料；学生将提升在研究和写作中，融汇一系列的文献和观点、阐明一个更广泛的对话性主题的能力……

写作与修辞2（即Program in Writing and Rhetoric 2）的核心则是一个研究项目，让学生进行研究、写作、翻译并进行深入调查。这个项目由几个部分组成：研究提案（口头和书面形式）；基于研究的论证；在媒体的支持下，进行口头演示、报告；以其他的体裁或形式（如播客、图片文章、信息图表）辅助完成作品。

斯坦福大学的写作课程包括三个层级，其中PWR1、PWR2是通识课的组成部分，为大一新生的必修课程，第三级WIM（即Writing in the Major）是专业写作，由各学院负责。三个层级的分工也就是将"写作"分解为三个阶段，PWR1是基础性训练、规范训练，PWR2是进阶训练，WIM则是高级写作、专业写作。随着难度一级级加大，学生能力也一步步提高。但不论是哪一级，我们都可以把斯坦福大学呈现的写作抽象为这样的过程：提出问题—制定方案—分析问题—查阅文献资料—展开对话和论证—形成文章—展示、汇报或发表。所有"写作"都包含这样一个共同的结构，使它在一定层面上成为一种超专业的能力，因此可以要求不同专业的同学共同选修。同时，写作也是具有明确的问题意识和规范意识的理性化活动，与狭义的即兴式、灵感式的文学创作在操作上有着迥然的差异。

写作即表达，表达即交流，交流就要注重对象，注重彼此的相似与差异，注重说服力与可行度，遵循共同的文化习惯、语言规范和专业规则，这正是当代对写作概念的普遍理解。就此而言，写作作为一种能力，是所有专业的大学生都不可或缺的。

三、我们该怎样帮助学生提升写作能力？

如果我们认识到大学生在中学阶段确实已经获得了一定的写作能力，而这种能力到了大学阶段则难以应对新的学习、研究要求，那么帮助学生迁移、提升其写作能力将是大学写作的根本任务。然而，写作不仅仅是一种实践，它更是一种认知方式，特别是从事知识生产的工作者主要通过写作获得经验、确认自我、建立与历史与社会与世界的联系。作为实践，写作需要反复训练，需要通过反馈—反思—修改来加固、提升能力。作为认知方式，它通常受到观念的限制，改变或提高它，必须突破这种限制。这就要求大学写作从两个方面入手来帮助学生迁移和提高写作能力：一是建立一套训练方案，确保写作经验在训练过程中得以积累，能够有效转化为写作能力；二是保持观念的开放，确保作为认知方式的写作能够引导写作实践。

和中学阶段有目的、有针对性的（高考）写作训练相比，当下大学写作最大的缺失在于，它失去了真正的目标，把空泛地提高写作能力当作存在的依据。因为目标的空泛，加之缺乏有效的训练方案，大学写作讲起来有一套头头是道的理论，但学生写起来仍是重复中学的写作模式。考核评估只有分数而没有真正的成绩。很显然，这样的问题已经引起了大学及社会的关注，高校写作教学也因此出现了转型趋势。

有两种实践正有力地推动着这次转型。一是以清华大学为代表的写作课程改革实验，一是以上海大学为代表的创意写作实验。2018年，清华大学成立"清华大学写作与沟通教学中心"（简称"写作中心"），开始"写作与沟通"课程试点，将其纳入2018级新生的必修环节，计划在2020年覆盖全部本科生，并力争面向研究生提供课程和指导。"写作与沟通"课程定位为非文学写作，偏向于逻辑性写作或说理写作，采用小班教学，着力提升学生的表达能力、沟通交流能力、逻辑思维和批判性思维。在学校的大力倡导和支持下，经过两年的摸索，"写作与沟通"已经迅速发展为一个有系统有规模的课程板块，每期可开展8大类27个研讨主题、50多个课堂。清华大学的写作课在国内产生广泛影响，不在于他们做了一个重要的教改项目，而在于他们教学理念上的突破。写作，不仅仅是写作，也是思考、表达和批判，是各专业大学生的基本能力之一。

以上海大学创意写作专业（本硕博）为代表的另一股教学改革力量，以充满活力的"创意"即创造性打破了传统写作教学死气沉沉的局面。创意写作自 20 世纪中期在美国高校兴起以来，不仅改变了写作的观念，也开拓了写作的市场，使得写作不仅是安身立命的事业，也是通向文化产业的途径。同时，创意写作不仅在文学、文化领域大放光彩，也延伸至非文学领域，它强调写作思维的创造性、逻辑性、开放性、批判性，直接影响到当下写作教学的观念和实践。创意写作目前也已经渗透到中小学的写作训练中，特别是许多写作培训机构，它们以全新的理念和方法改变了小学生和中学生的写作思维，进而倒逼学校和教师改进作文教学。

前文我们解析了写作能力的外延，它包括各种不同的能力。每位教师的知识和能力都是有限的，任何一位老师都不可能帮助不同专业有着不同兴趣的学生提升各种写作能力，这就需要一个团队，一支有相当规模的师资队伍。同时，根据学校的要求和学生的需求建立与专业需求和学生兴趣相匹配的课程。这里可以参考清华大学写作中心的探索成果。

师资：以写作中心专职教师为主、院系合作教师为辅，写作中心设立 10 个教学系列岗位（仍在扩增中）。

课堂：15 人左右的小班教学，线下+线上。

课程：8 个主题模块含 27 个研讨主题。每个主题对应若干教学班。

表 1　写作与沟通课程内容

序号	主题模块	研讨主题			
1	学古探微	1. 司马迁与史记	2. 古代生活	3. 从聊斋到山海经	
2	往事记忆	1. 西南联大	2. 20 世纪 90 年代	3. 中国电影与时代话语变迁	
3	时代棱镜	1. 美是什么	2. 游戏与人	3. 偶像	4. 消费
4	空间观察	1. 城市	2. 北京	3. 博物馆	
5	探索生命	1. 想象转基因	2. 未来医疗	3. 健康	4. 解码动物
6	天工开物	1. 诺贝尔奖	2. 结构	3. 工程师	4. 切尔诺贝利
7	社群&社会	1. 个与群	2. 性别视角	3. 社交网络	
8	网络&未来	1. 智能生活	2. 网络文化工业	3. 万物互联的世界	

清华大学从师资和课程类型上解决了写作能力多样化的难题，同时也打开了传统写作课封闭的套路，把写作从一种专业性极强的课程变成了领域开放的通识课。其课程负责人梅赐琪认为，写作课建设中要破除两个迷思，即"写作课等于语文课"和"写作课等于玄学课"。坚持三个理念，即写作课的定位应该是通识基础课，主要的功能是改变写作人，主要的途径是"过程性写作"指导。结合这三个理念，写作课主要采用"主题式教学模式""浸润、朋辈式学习模式"。

　　在写作课程建设和教学理念方面，清华大学已经走在国内前列。但是同国外的一些大学比还有不小差距。对照斯坦福大学的写作课就可以发现，清华的主题式教学仍然存在泛泛而谈且难以调动写作主动性的弊端。斯坦福大学的写作课主要是以问题为导向，写作不是一种知识的普及、宣讲和传授，而是发现问题、探究问题的有规划、有步骤的实践。在清华大学的宏大主题模块中，我们看到了广度而看不到深度，看到了领域而看不到问题。研讨主题细分了主题模块，但仍然宏大，至少从课程名称上很难看出问题意识和时代敏感性，这必将削弱训练的针对性和有效性。相比之下，斯坦福大学的"写作与修辞"课程就更具有探究性，例如：

　　1. PWR 1：Anatomy of a Discipline：Rhetorics of Health，Illness，and Medicine（学科的剖析：健康、疾病和医学的修辞学）

　　2. PWR 1：What Are You，Anyway? The Rhetorics of Ethnic and Racial Identity（你到底是什么？民族和种族认同的修辞学）

　　3. PWR 1：The Rhetoric of Innovation：Transformations and Missed Opportunities（创新的修辞：改革和错失的机会）

　　4. PWR 1：Writing for Liberation：The Rhetoric of Antiracism（为解放而写作：反种族主义修辞学）

　　5. PWR 2：Silicon Valley and the Future of Work：Rhetoric of Labor Utopias and Dystopias（硅谷与工作的未来：劳动乌托邦和反乌托邦的修辞）

　　6. PWR 2：Curated Reality：How Media Shape What We Know（被策划的现实：媒体如何塑造我们的认知？）

……

这些课程共同的特点是专题性和问题意识，研究领域清晰，研究对象明确。学生可以根据教师的引导确立选题、检索资料、自行探讨问题并展开论述。

仅仅解决了师资问题和课程设置，仍然只是解决了问题的一个方面。另一个方面，对于教学过程的控制更为棘手。我国的作文教学从小学开始就缺失过程管理的环节。作为课程系列，清华大学的"写作与沟通"在过程控制上尚缺乏统一的规范。数十门课如果没有统一性就很难实现共同的目标。这一点我们仍然可以参考斯坦福大学的做法。虽然他们开设了380多门写作与修辞课程，但所有课程都必须按照统一要求完成课程的任务，实现共同的目标。而课程任务的制度化，也就统一了五花八门的课程的性质。PWR 1的目标是：

> 在学习、写作的过程中，学生将提升创意、起草、基于反馈进行修改和反思的经验。
>
> 学生将提升阅读和分析文章的能力，考虑到作者、听众、文化背景、目的、论证策略和诉求之间的关系。
>
> 学生将提升撰写有理有据的论点的能力，并在考虑到听众、目的和体裁的情况下写出有说服力的文章。
>
> 学生将提升研究技能，包括拟定一个重要研究问题的能力，检索、分析和评估相关文献材料的能力，包括纸质的和数字的文献资料。
>
> 学生将提升在研究和写作中融汇一系列的文献和观点、阐明一个更广泛的对话性主题的能力。

PWR 1的课程任务及完成的步骤是：

（1）修辞分析。在这个作业中，学生使用修辞原则来分析一个特定的文本是如何提出论点的。修辞分析旨在向学生介绍基本的修辞概念，诉求类型和情况。（1500~1800字）

（2）对话性文本。这项作业为"基于研究的论证"奠定了基础，帮助学生为他们的研究项目确定一个重点，并逐步形成自己的基于文献的论证。它要求学生将文本置于关键问题的不同观点中，进行对话。学生需要辨析不同

的作家们如何定义和构架这些问题,并细察作家们在哪些方面有联系,哪些方面有冲突。(1800~2400字)

(3)基于研究的论证。这项作业要求学生利用图书馆和网络进行研究,提出一个有充分支持的、有重点的论证。许多学生还将进行初级研究。(3600~4500字)

除了三大写作作业外,学生可能会被要求进行大量的非正式写作,包括博客、日记、在线讨论、大纲、部分草稿和反思备忘录。

由此可见,虽然有课程无限开放,但每一种课程按照课程的目标和任务执行就可以达到学校所期待的教学效果。相比之下,清华大学的8大模块和27个研讨主题,虽然显示了课程的开放性,但并无多少必要。教学过程一旦制度化,课程就更应该突破主题模块的限制。

综上所述,有效提高学生的写作能力需要解决四个方面的问题:观念更新、师资力量、课程设置及教学过程的制度化。其中,制度化是实现教学目标和获得良好教学效果的保证。四个要素都具备了,才能建立一套训练方案,确保学生的写作经验在训练过程中得以积累,有效转化为写作能力。

四、以我校通识课为基点的写作课程组的构想

我校通识课建设已日渐成熟,从课程申报到课程评估已经形成较为严谨的运作和管理体系。课程的种类不断增加,课程总数已近300门(含跨学科),2020年第一学期开设85门,共140个教学班。课程内容也越来越丰富,涉及领域十分广阔。与十年前的选修+必修的课程模式相比,我校教学改革所取得的成绩可谓辉煌。然而,如果我们细心观察或随堂旁听,仍然可以发现一些不足。其中最大的缺憾就是在整个通识课板块中,写作课或以提升写作能力为目标的课程非常少。这使得我们的通识课变成了名副其实的"通识",缺少了能力提升的环节。然而,缺少写作板块的通识课程,近乎缺了一条腿的椅子。如果把我们的通识板块和斯坦福大学的通识板块相对比,问题就比较清楚。我们几乎要把整个人类文化知识教给学生,而斯坦福大学更注重思

维、思考、行动、写作和语言能力,它的每个板块内部都十分丰富,但不论多少课程,涉及多少知识,终究服务于这四个方面的能力提升。我们的课程则过于重视知识,写作这样重要的能力不能占七大板块之一。

表2 西南交通大学和斯坦福大学的通识课板块比较

	西南交通大学	斯坦福大学
通识课程板块	1. 交通、工程与创新世界	1. Thinking Matters Requirement（First-Year Students Only）（有效思考必修课&思考问题必修课）
	2. 历史、文化与人文情怀	
	3. 社会科学与责任伦理	2. Ways of Thinking/Ways of Doing Requirement（思维与行为方法必修课）
	4. 生态环境与生命关怀	
	5. 艺术体验与审美修养	3. Writing and Rhetoric Requirement（写作与修辞必修课）
	6. 哲学智慧与批判性思维	
	7. 自然科学与科学精神	4. Language Requirement（语言必修课）

表3 2020年西南交通大学"哲学智慧与批判性思维"板块和斯坦福大学"Thinking Matters Requirement"板块的具体课程比较

哲学智慧与批判性思维	Thinking Matters Requirement
公共传播中的语言艺术	Between Gods and Beasts（神与兽之间）
哲学的智慧	Our Genome（我们的基因）
经典名著导读	Spirit of Democracy（民主的精神）
西方哲学流派及其反思	Transformation of the Self（自我的改造）
思考学习	Why College?（为何上大学？）
中国哲学	What Can You Do for Your Country?（你能为你的国家做什么？）
哲学的智慧	What Makes Music Classical（是什么让音乐成为经典？）
辩论与论辩	Citizenship in the 21st Century （Seminars）21世纪的公民身份
……	……

假如我们把每个板块内部所包含的课程一一展开对比,还会发现另一个较为明显的差异。即我们的课程大多数是概论式、介绍式、普及式的,很少有以问题为导向的专题课。学生多数情况下,只需要带一双耳朵上课。而斯坦福大学的通识课绝大部分都有着鲜明的问题意识,每门课程都有明确的动脑、动口、动手的任务。当然,各国教育有各自的特点,不一定都要向别国学习,但就我们的现实而言,提高学生的写作能力几乎是迫在眉睫的任务,也是如今教学改革最重要的任务之一,没有文科、工科和理科之分。

如前所述,通识教育范畴下的写作课,与文学写作关系不大,它的主要目标是训练提出问题、制定方案、分析问题、查阅文献资料、展开论证、解决问题、写成文章的能力。因此,只要具有问题意识,只要教师愿意引导学生思考问题、解决问题,几乎任何课都可以开成写作课。斯坦福大学正是这样设计的。除了特定的写作与修辞课板块,有效思考必修课的自我塑造教育(ESF)、结构化的博雅教育(SLE)、艺术熏陶与文化生活(ITALIC)、在多元学习环境中体验科学发展(SIMILE),以及专业课中强调分析与讨论的课程等都可以作为替代课程,满足写作课的学分要求。因此,只要我们规定了写作课教学的目标和任务,我们现有的许多通识课程都可以转化为写作课,而当我们对大多数通识课做出明确的能力训练的任务规定,我们的"通识"教育也能立刻转化为"能力"养成课。

由此我们提出以下方案:

(1)在现有的通识课中选取一部分课程,在基本教学内容不变的情况下,重新制定教学目标、步骤和任务,将其转化为写作课,如"媒介与社会""改变从觉知开始:U型体验与感悟""药品与生命的奥秘""创新:方法、科技与商业的碰撞""全球化与中国文化""物流与生活""从BIM认识建筑工程问题""环境保护与可持续发展""公务员法制与中西文官遴选制度评介""定制化微运动与自媒体""化学与人类生活""交通社会学:大交通时代的空间生产与治理"等。

（2）鼓励各学科的专业老师申报开设通识类的写作课程，作为写作板块的主体课程。

（3）制定写作课的教学规范，明确规定课程的"能力目标—达成目标的方法、要求—达成目标的作业任务"，明确规定不同阶段由易到难的任务（比如写作提纲或计划，文献收集、整理、综述，写作论文，口头汇报）。教师按此规范授课，管理者依此规范评估教学。

（4）加强通识课教学过程的控制，规定课程阶段性的训练任务，倡导以问题引导学生进行探究式学习，将写作训练贯彻到全部通识课程中，严格控制人数，实行中、小班教学（30~15人）。

（5）写作课分级。一是通识类写作课（6学分），二是专业写作（4学分）。专业写作与专业课结合，由各学科指定 1~2 门专业课程作为专业写作训练课程。该课兼具两种功能：专业学习和写作训练。

（6）削减学年论文及毕业论文的学分，划入写作必修。

（7）成立写作工作坊，聘任专职、兼职老师及具有较强写作能力的博士生辅助、指导学生的写作。利用好已有的写作中心（现属图书馆），强化校内外的写作活动交流。成立由教务、写作中心及部分学院组成的课程管理团队，监督、考核、评估课程实施情况。

创意写作实践中的自主性原则
——兼谈大学写作教学中的方法与对策

吴德利

【提　要】本文从写作教学实践层面，重点分析从中学作文的模仿写作突破到大学写作的自主原创的转化阶段的写作形态；帮助青年习作者掌握进入创意性写作、培育原创性的写作行为，在写作观念及方法上寻求实践途径。笔者通过多年的文学批评实践与大学写作教学实践，提出从模仿写作到自主写作的几种应对原则与方法，将写作基本概念与文学创作理论具体化为写作实践的个案研究，为中文专业学生及写作新手的文学习作阶段提供一些可供实践训练的方法与对策，进而在理论认识与现代写作层面探寻创意写作的本质。

【关键词】创意写作；写作教学；自主性写作

一段时期以来，大学写作课被看成是对中学写作经验的总结和理论升华，传授写作方面的专业知识和学科视野；但这种固化的课程体系无法有效地提高学生的实际写作水平，且一度让大学写作教学沦为"鸡肋"。一些大学写作教育专家努力在写作教学实践上做出改变，通过思维训练、文体训练、语言训练和经典作品赏析等手段来提升学生的写作能力和创造水平。写作不是一门知识理论课程，也不是一门专业技巧课程，在真正提升学生文学创作水平的专业化教学上，我们一直缺乏有效的途径和手段。

随着创意写作新理念的推动，创意写作班、写作坊、作家工作室、创意社区等多种培养途径和手段的实施，大学写作教学进入一个社会化、跨界性的发展阶段。本文意在对中学作文到大学写作这一写作衔接阶段进行理论探讨，寻求大学写作教学过程中提升创意写作的有效方法和对策。

一、模仿性写作的问题反思

中学作文从本质上讲是范文式模仿写作。学生通过示范性的课文学习，掌握基本的语文写作技巧、语言修辞手段、作文段落结构等，达到一定程度的模仿式写作实践，而作文考试的规范化和标准化，更容易形成考试作文的模式化和技术化。久之，写作者渐渐失去自主表达的欲望与个性化的语言书写特点。中学生的范文式模仿写作常表现为警句排比式的文采、哲理化的修辞、统一化的结构等，作文呈现出单一感、自足性，缺乏多变、参差的审美感。这些写作现象明显反映在学生初入大学的写作课堂中，并显露出诸多中学生式的通病：一是情感表达空泛。对大多数写作内容均好论，且长于空泛的抒怀，比较喜欢写作一些富于哲理性的抒情文字，貌似闪烁着自己对生活的智慧，实则空泛，难以写出独特的情感体验。二是预设过于明确。多是千篇一律的"哲人"人设，空谈主题思想，喜欢先入为主，立意时即已框定全文的思路和结构，注重修辞和文采呈现出的语言效果，过滤掉了内心真实的情感表达。三是缺乏个人化的视角与时空。喜欢用泛称式的代词来表达个人的情感生活，写作视角模糊，较少通过视角的变换营造出艺术空间氛围，时空感不强。如此种种。

该如何解决这些问题？对于刚进入大学、正在步入独立生活阶段的青年写作者，怎么从那些套路化的语言中摆脱出来，找到适合表达自我情绪的语言文字？如何从模仿式的范文写作观念中解脱出来，找到富于创意性的文学表现途径？

二、自主性写作实践的"三原则"

从模仿式写作到自主性写作的过渡中，过去中学语文课堂提倡的一些写作方法或现象（比如如何更好地开头结尾？如何恰当地运用修辞？如何设置首尾照应?……)为何会引起大学阶段写作老师的反感,以至于我们要帮这些刚刚实现大学梦的学生从头开始。为了摆脱中学作文的模式化写作,本文把新的写作教学观念及对策归纳成大学写作课堂反复强调的三句话:"学会忘掉""不要写高考""就要乱写",亦可称之为进入大学创意写作实践的"三原则"。

(一)跨过自主写作实践的"门禁":"忘掉"原则

这个原则要求学生把中学时期语文老师教的作文知识都忘掉,甚至把大学写作老师正在进行课堂讲解的东西也忘掉。写作课程不是一门知识理论课,不用记笔记,不必课堂考试。形象地说,写作就是一门"忘掉"的艺术;严格按照老师指导的去做,肯定学不好写作,关键看你自己想要怎么写。那些忘不掉的知识理论会在写作时成为你头上的"紧箍咒"。汪曾祺在回忆沈从文的写作课时说过,"沈先生讲课时所说的话我几乎全都忘了(我这人从来不记笔记)!"[1]

有这么一个写作案例,有位日本作家写了一篇标题为《难忘的人们》的作品,他要给一个偶尔相识的人讲述"难忘的人们"。这好像中小学的作文标题,诸如"难忘的同桌""难忘的朋友""难忘的亲人""难忘的老师"等。以"难忘"入题,我们都会从印象最深刻的事件开始回忆,最后总是要将往事升华到一辈子都忘不掉的刻骨铭心的高度。然而,这位作家却强调,"难忘的人未必是不可忘记之人",诸如"朋友知己及给自己以帮助的师长同辈等";所谓"难忘的人"则是一般来说忘了也没关系但却忘不了的人们。从这种理解上讲,我们以前在中小学时代写的"难忘的人"其实都是不会忘掉的人,而不是真正"难忘的"。于是,我们就要好好想想:在我们的生命过往中,什么样的人,或者什么样的事才是"难忘的"?我们可以把他(她、它)忘掉,但是却忘不掉。作家讲述了一件事情来证明它:说他有一次从大阪坐小火轮渡过濑户内海,心情不太好,在甲板上散心,眺望海上风景。他

---

[1] 汪曾祺. 沈从文先生在西南联大[M]// 汪曾祺全集 3:散文卷. 北京:北京师范大学出版社,1998.

漫无目的地望着一里远的小岛岸边一个男人，随着火轮的行进，这个人影和小岛便渐渐消失在雾里。然后，作家说道："那以后至今的十年之间，我多次回忆起岛上那不曾相识的人。这就是我'难忘的人们'中的一位。"

一个"不曾相识的人"居然成了"难忘的人"。作家多年不曾忘记，时常在脑海当中浮现。为什么如此难忘？作家道出了内心情绪的秘密："其时油然浮上心来的即是这些人，不，是站在看到这些人时的周围光景中的人们。我与他人有何不同，不都是在天之一角得其此生而匆匆行路，携手共归无穷天国的人吗？当这样的感想由心里升起时我便常常泪流满面。那时，实际上乃是无我无他的，什么人都变得令人怀念起来。"[1]原来那个"人"也是"我"。所谓难忘的人，其实是在那个触发情感的瞬间充当了内心自我的影子。

这不由得让我们感悟到：人，最忘不掉的原来是内心深处的自我！他潜藏在内心深处，在追逐外在生活的过程中看似被忘掉，却一直都潜藏在情感的深海之中，不经意间会浮现到脑海里。其实，我们在生活当中偶尔会有这种体验，就是一种"熟悉的陌生感"。比如，你突然在街头见到一位看上去有种熟悉感的人，但是你确实不认识他；或者你到一个陌生的地方，感觉你曾经来过，但事实上你以前从没来过。这就是熟悉的陌生感。

写作者，从心理层面来讲，就是要找到这样一种感觉。我们需要写出来的东西，不是头脑中记住的，而是已经忘掉的东西。能够把忘掉的那些经历或经验写出来，才是我们唯一的、独特的、别人没有的经历和经验。如果仅仅把你所见所知的东西写出来，会发现你写的所有东西跟别人是大致一样的。创意性的写作，就是要把写作者曾经体验过、被忘掉的那个部分在笔下重新"创造"出来。所以，创意不是无本之木、无源之水的创造，而是你曾经历过、沉潜到个体生命中去的独特情感和情绪体验。它在后天的过程中或被淡忘，或被压抑，但会在个体孤独中不经意地浮现，与外在的现实情景相遇。从某种意义上说，良好的写作状态即是这种个体孤独的状态。

如何从头脑中创造出"新"的东西？从来没有的东西会创造出来吗？

---

[1] 以上故事材料来源于柄谷行人. 日本现代文学的起源[M]. 赵京华, 译. 北京：生活·读书·新知三联书店, 2006.

很多研究创作心理的批评家和作家都喜欢引入弗洛伊德的精神分析学来阐释文学创作的原理。弗洛伊德解释说，人的大脑所记住的那部分叫"意识"，忘掉的那部分叫"无意识"，两者的临界点即是"前意识"。人的心理意识部分只是"冰山一角"，露出海面的一角；大多数的心理无意识如淹没在海平面以下的巨大山体，潜藏在人的内心深处。当一个人在漫长的生活经历中感知、摄入巨大的情绪信息量，大多数信息都被我们"忘掉"了，能够记住的信息其实很有限，即"冰山一角"的部分。那些"忘掉"的信息被压入人的无意识当中去了，这就是遗忘。一旦有了后天环境的刺激，这些"忘掉"的信息也许会被重新激发或诱发出来。

于是，很多优秀的作家会利用早已忘掉的"童年经验"进入写作。作家和艺术家比普通人更为敏感、感性，或者说有超人的情感记忆力，他会把后天遗忘掉的那部分情感经历和生命经验通过艺术的方式回忆出来。童年时光或无忧无虑，或造成伤害，或单纯或复杂，事实上，童年时代处于一种充满欲望与幻想的心理状态。弗洛伊德谈到作家创作与童年游戏的关系时曾说，人们在童年时热衷的玩耍和游戏长大后转换成了一种被称为"白日梦"的东西，里面不时地创造出幻想来满足自我心理，如性幻想、禁忌、野心、各种无法实现的愿望等。而文学创作即是作家的"白日梦"，作家通过改变和伪装软化了他利己主义的白日梦的性质，通过纯形式的（美学的）乐趣取悦我们读者，并使我们在享受自己的白日梦时而不必自我责备或感到羞耻。[1]

所以说，学会"忘掉"有两个方面的意思：一是要"忘掉"现实层面的意识，排除一切思想干扰和功利意识；二是要寻找早已"忘掉"的那部分无意识心理，进入良好的自我写作状态。

（二）绕过自主写作实践的"影壁"："忌写高考"原则

对于刚步入大学阶段的学生而言，"高考"是人生当中感触最深、最新鲜的写作资源。然而，高考题材犹如进入自主写作大门的"影壁"，阻止盲

---

[1] 西格蒙德·弗洛伊德. 作家与白日梦[M]// 论文学与艺术. 北京：国际文化出版公司，2001.

目往门里闯的写作者。笔者在大学写作教学中发现，很多学生喜欢写高中生活及高考，但也像流行的商业影视一样，它们情节雷同，同质化倾向明显。有学生说，"高考"就是人生战场，里面渗透着我们的青春、血汗、成长、情感和伤痛等，形成了我们自身刻骨的人生经验，然而，从旁观者（或者阅读者）来看，这样的"高考情结"和"残酷青春"几乎是大同小异，并没有什么独特的个人体验。只有写作者本人才觉得文字里承载了鲜活的记忆、可感的画面，文字与生活直接连线，而大多读者却建立不了这种熟悉的联系，无法从文字中获得更多的感动和共鸣。这是为什么？

其一是文字的表现力不够，体验不够深入；其二是书写的内容太接近当下，缺乏距离感和艺术感。就创意写作而言，当文学主体与表现对象的关系离得太近时，写作者的现实指向比较强烈，充满着现实功利性，很难产生一种审美艺术感。没有拉开审美的距离，就无法往体验的深处挖掘，表现出个人化、艺术化的写作效果。

拿"文化大革命"题材来说，经历过那段历史的"50后""60后"作家们，书写"文化大革命"成了不可回避的生活记忆和写作题材。如果阅读大量这类题材的作品，我们可以来评价一下：哪些作家作品写得更好？艺术成就更高？不妨简要回顾一下已知的阅读史和文学史：

最早开始写这一题材的是"伤痕、反思文学"作家，他们在"文化大革命"结束后率先开始了写实创作，配合了揭批"四人帮""拨乱反正"的社会潮流。但这些创作大多呈现出批判直露、情感夸饰、功利性强的审美品格，一些代表性作品虽然成为"文学史经典"，却很难凭借艺术创新达到"文学经典"的程度。

第二类书写这一题材的作家是同样经历过这段生活的青年人，即"知青文学"作家，他们的生活经历及体验主要在"上山下乡"运动中。在 20 世纪 80 年代中前期，这类作家以"残酷青春"为主题诉说自身的情感往事。这些诉说虽然也有揭批极左思潮的功能，但更多地在表达一种青春记忆和浪漫情怀。很多"知青文学"作品读来让人感同身受、情感荡气回肠，如梁晓声写的《今夜有暴风雨》、阿城的《棋王》等。"文化大革命"历史书写已经从社会政治面貌转向了具有浓厚个人情感色彩的历史岁月，减弱了社会政治批判功效，扩大了个人视野下的独特生活状态的展示，提升了艺术审美经验。90年代前后，同样拥有知青经历的王小波超越了个人情感写实层面，以较强的叙事虚构表现那段历史的荒诞与戏谑，艺术想象力与创造力压过了之前的知青文学浪潮，对这一题材的非写实处理更富于艺术表现力，如《黄金时代》等。

还有一类喜欢利用此题材创作的作家，即先锋小说家。他们几乎没有经历过"文化大革命"的沉痛，或者说只经历过其尾声，如余华、苏童等，但他们对这一题材的书写更为钟爱和频繁。然而，这一代作家既没有对那段历史刻骨铭心的沉重感，也较少有私人化的情感记忆存储，他们在这一题材的表现和艺术处理上显得从容与飘逸，但艺术体验更见历史与人性的厚重和深沉。

以上案例中"文化大革命"题材与当代作家创作的关系表明了以下几点创作道理：① 随着开放时代的到来，中国作家创作水平在进步。这是一般性的文学发展规律；② 文学对现实题材的书写总是由近距离写实到远距离观照，艺术表现更显成熟；③ 并非离历史越近书写就越真实，越有艺术的力量。历史距离的拉远并不见得远离历史的真相，而审美的距离产生，反而更加透视出那个年代人性的真实和普通人的生存状态。还是那个道理：离得太近难免会掉进现实杂芜的陷阱，刚刚过去的生活里面飘浮着太多的个人意识和情感偏执，需要慢慢地沉淀。

由此我们会感悟到，最适宜成为大学生写作资源的仓库是童年和少年阶段。高考离得太近，显得很大、很沉重，像大山一样，"不识庐山真面目"。或许就像从前我们从乡村走向大城市读书，步行、坐客车、转火车或飞机，大包小包拎了很多东西。多年以后你再回过头来想想，包里有什么？不过是些生活必需品，其实并没什么宝贵的东西。如果有一点东西能够让你至今还回忆得起来，比如一包食物、一本小书、一个物件等，那这件东西肯定承载了你独特的情感记忆。"高考"或许真是一堆巨大的情感包袱，但也只有放下后很多年再翻开才会更显珍贵。

这就有了另外一个写作理论问题：可不可以写自己最熟悉的题材？怎么去写？我们不妨读读当时的青年作家沙汀、艾芜向鲁迅先生请教小说创作的信，理解写作中如何处理选材问题。两位作家当时居住上海读书，身处20世纪30年代的革命文学潮流中。他们在选择写自己所熟悉的题材还是配合写当时流行的革命题材之间犹豫不定，前者有他们的早年生活积累，后者对当下社会的革命现实更具有时代意义。作为左翼作家，他们当然希望自己的文艺作品更有时代意义和贡献，所以在题材取舍上求教于老作家鲁迅。

沙汀、艾芜二人怀着崇敬而忐忑的心情"唐突地"向鲁迅先生求教。鲁迅的回信首先强调了创作立场问题，即如果你是一名"战斗的无产者"，写出了好的艺术作品，则无论写什么题材，都"对于现代以及将来一定是有贡献的意义的"；其次提出了"选材要严，开掘要深"的创作理论。告诫他们不要写一些琐屑的题材和人物而陷入创作的自乐，要严格选材，深入挖掘，才能使得创作具有"对于时代的助力和贡献"。[①]

沙汀、艾芜遵循了鲁迅先生对选材"不必趋时"的告诫，选择了切身体验过的更久远的西南乡间生活题材，而非眼下城市生活中的革命题材或不熟悉的斗争生活题材，并在其后的文学创作道路上很好地贯彻了"选材要严，开掘要深"的创作要领，以独特的视角把个人经历的西南乡村生活形态写得立体、鲜活。如艾芜的《山峡中》、沙汀的《在其香居茶馆里》等，虽然书写的是抗战时期大后方的偏远角落，却在现代文学史上体现出丰富的艺术价值和时代意义。正如鲁迅的小说创作中，最精彩的那部分是关注辛亥革命前后中国乡土社会角落中的小人物生存状态，如《阿Q正传》《孔乙己》《药》《祝福》等，而非写城市生活及知识分子精神形象的作品。由于"表现的深切"和"格式的特别"，鲁迅这些乡土题材的小说成为现代文学史上"中国反封建思想革命的一面镜子"。

从鲁迅、沙汀、艾芜等现代经典作家身上，我们可以体会到一些共同的写作原则。题材选择不必趋时，可远离当下生活题材，到体验、沉淀过的早年生活经历中去选择更具体的生活题材，创造出富于审美价值及时代意义的作品。

---

① 沙汀，艾芜，鲁迅. 关于小说题材的通信[M]// 鲁迅全集 4. 北京：人民文学出版社，2005.

(三)进入自主写作实践的"堂奥":"乱写"原则

一旦升堂入室,就可以自由穿行。抛除眼前的一切干扰,"乱写"是进入自主性写作的最好途径。

当然,这里所说的"乱写"是口语化的表达,即想怎么写就怎么写,我手写我心,没有固定套路,没有既成思想。其实,真正要做到乱写是很难的。很多人乱写,到最后还是不自觉地按照已有的作文套路写了出来。要破解这种套路,就是要忘掉现实的一切,如梦境般写作,弗洛伊德称之为"白日梦",古文论家称之"神思""神游"等。意识层面的信息经过了我们的思维整理,有条理、有逻辑、有联系,被牢固地记住了。创意写作者就是要把这些信息摒除掉,去挖掘那些没被整理过就沉入精神深处的经验。这部分信息可能是一些生活及生存中积压的情绪或情感碎片,如电脑中存储的垃圾信息一样,它不合乎规范,杂乱无章,只有个体进入梦境时才会飘浮出来。

最佳的"乱写"方式无疑是梦境写作,即按照做梦的过程来叙述经过。一般认为,梦即是人在睡眠状态下发生的无意识活动。它是乱的,既无序也无逻辑,完全是自由无羁的状态。如何才能进行梦境书写呢?我们以莫言创作小说《透明的红萝卜》为例进行说明。这是一部带有魔幻现实主义色彩的中短篇佳作,莫言曾在创作对话谈中透露了创作前的素材来源:"有一天凌晨,我梦见一块红萝卜地,阳光灿烂,照着萝卜地里一个弯腰劳动的老头;又来了一个手持鱼叉的姑娘,她叉出一个红萝卜,举起来,迎着阳光走去。红萝卜在阳光下闪烁着奇异的光彩。我觉得这个场面特别美,很像一段电影。那种色彩、那种神秘的情调,使我感到很振奋。其他的人物、情节都是由此生酵出来的。当然,这是调动了我的生活积累,不足的部分,可以用想象来补足。"[1]

这段关于创作的谈话给我们几点创作启示:一是写作前不要有太明确的思想意识,因为人心和世界都是复杂的,保持好这种原始的状态进入写作更

---

[1] 徐怀中,莫言,等. 有追求才有特色——关于《透明的红萝卜》的对话[J]. 中国作家,1985(2): 179-203.

佳；二是小说素材起源于一个梦，梦里有一些人和物构成的画面、动作和色彩，其中没有什么连贯的事件逻辑，但梦的内容让作者"感到很振奋"；三是小说由梦境发酵，并融入了作者的生活积累。

当然，任何一篇成熟的作品都不会只是乱写的结果。正如作家所言，"不足的部分，可以用想象来补足。"任何梦境都不会有完整的结构，更不会有集中统一的内容，它只是一些无逻辑的意识碎片。但这些无逻辑的意识碎片通过"忘我"的写作，会渗入一些生活积累，最终成为可供表达的艺术文本。

像这种梦境书写的情形还有很多。莫言曾评价同时代的作家余华是"中国当代文坛上的第一个清醒的说梦者"[1]，指出余华的短篇小说《十八岁出门远行》是一篇"仿梦小说"，并把它与现代主义小说大师卡夫卡的《乡村医生》相媲美。两位作家均以清晰的故事线索来讲述一件荒诞古怪的事情：主人公开始都碰到很多的拒绝，然后奇怪地来了一个包藏祸心的帮助者，引诱他继续行动，最后主人公遭受欺骗和压迫，在绝望中而返。故事中的人物行为都充满着诡异，故事氛围都是无比的苍凉和孤独，小说的主题充满着一种不确定性。

"乱写"即是要在乱中取胜，不按既成的写作套路行文，极大地发挥出个人的自由创造力及内在的个性特质。很多人担心乱写的东西别人看不懂，无法知道写作者的用意。其实，关键是写作者本着个人内心状态来书写，就一定会体现出"这个人"的精神统一性，写出来的文本也是"这个人"的精神面貌。一些抽象的现代派作品都能够被阅读批评者做细致的解读，何况青年习作者这颗比较单纯的"心"呢？事实上，很多经典的文学作品本身就充满着某种不确定性，所以才能不断地得到多方面的阐释。所以，不必担心别人读不懂，反而要小心那些刻意写作的文字无法传达出即刻的幽微心情，而使人读来感觉到虚假。

另外，当习作者乱写完一篇作品之后，拿起来第一次阅读时可能会有这种体验，感觉这些文字是全新的、陌生的，甚至会发出惊讶之叹："这难道

---

[1] 莫言. 清醒的说梦者——关于余华及其小说的杂感[J]. 当代作家评论，1991（2）：30-32.

是我刚刚写出来的吗？"这说明这些写作大概率是成功的。习作者已经成功地通过"乱写"把自我陌生化了，仿佛这些文字来自另一个人之手。

尽管写作实践有理性参与的必要，如创作的基本构思、文字节制、结构化、修改润色等，但写作过程并非一个有序的可控过程，我们不要囿于公式化、概念化的刻意之作，更不必"主题先行"。"以主题思想推动小说写作有一个弱点，即一旦这种思想支配了你，你就无法再前进。你越是想突出主题思想的正义性，它就越显得宝贵和重要。于是，它控制了局面，并缠绕住了你。"①真正能推动小说生长的不是头脑中的思想，而是活在写作者内心的人物与生命，而他不能控制他们的自由生长。

法国超现实主义创始人安德烈·布勒东提倡过一种"自动写作法"，也叫"无意识创作"。超现实主义者的艺术主张即追求自由无羁的想象，摆脱传统现实主义美学原则的束缚，以求将梦幻和冲动引入日常生活，创造一种新的现实。这种创作方法的实践明显受到弗洛伊德精神分析学概念的影响。他在《第一次超现实主义宣言》中说明了这种近似于"乱写"的创作方法："落笔要迅疾而不必有先入为主的题材；要迅疾到记不住前文的程度，并使你自己不致产生重读前文的念头。第一个句子会自动地到来，这是千真万确的，以至于每秒钟都会有一个迥然不同于我们有意识的思想的句子，它唯一的要求便是脱颖而出。""还有一点，就是标点符号似乎有碍于这股热流酣畅地奔泻，尽管那是必要的，就像是要在一根颤动不已的绳子上打结一样。只要你愿意，就一直往下写。"②布勒东等人进行了多次实验，他们把一些朋友集合起来，在半催眠的状态进行自动化写作，记录内心的真实思想状态，然后把它合成一篇文字。这种无意识状态下的写作几乎把"乱写"发挥到极致，写作结果自然会产生一些新奇的艺术效果，但也会出现大量的不通文句。

这种创作方法有它的可取之处，对超现实主义文学及艺术都发生过重要作用；但由于"自动写作法"强调创作的自发性、偶然性，反对事后修改删

---

① 雷克·希利斯. 你的故事从何而来[M]// 文学创作手册. 北京：中国国际广播出版社，2000.
② 安德烈·布勒东. 第一次超现实主义宣言[M]// 20世纪世界小说理论经典（上卷）. 北京：华夏出版社，1995.

除，所以连超现实主义者自己都承认写作方法不够完美。正如前文提到，任何写作实践都需要有理性参与的必要，无法达到完全不受支配的无意识写作状态。

三、自我意识建构与自主性写作形态

以上三条原则主要是针对从中学模仿式写作向大学自主性写作过渡的方法与对策。事实上，三条原则相通相承，而最根本的一条是要弄清楚一个核心问题："我是谁？""我"是创意写作的主体，一切社会与个人经验都要内化为我的精神心理，才能通过艺术化的语言形态呈现出来。从现代写作的本质看，写作者要认识到以下几点才能更好地实施这三个原则。

首先，自主性写作的主体——人，要有精神追求的现代独立人格。做自己的主人，使自我不成为某种权力和观念的附属品，不要过早地形成某种思维定势。当然，自我的独立无法靠一堂课去改变，需要漫长的生活过程去实践。

其次，自主性写作模式是对自我的一种建构与叙述。当写作者在文本世界之中建立一个属于自己的文学世界，像鲁迅建立起"鲁镇世界"，沈从文建立起"湘西世界"一样，那么，这个世界里面的一切就映照出写作者的内心在整个世界认识中的想象性位置。在鲁迅的乡村世界里，人物呈现出麻木、冷漠，作者成为逃离出来的忧愤的探路者；在沈从文的乡村世界中，人物善良、淳朴，作者的热情和向往都流露其中。其实，两种乡村世界的现实状况差距并不大，作为同时代的"绍兴"与"湘西"乡村的实际情形并没有太大的差距，但作家建构的文学世界即代表了他们认识世界、想象世界的方式，继而按照这种方式来叙述，所以《祝福》中的鲁四老爷和祥林嫂之间的关系同《边城》里面船总和翠翠两家之间的关系差别相当大。

最后，自主性写作的意义即是写作者自我生命形态的展开。写作是写作者生命展开的方式。从写作学理论的概念讲，写作是一个动态的展开过程。怎么展开？通过写作行为，把自己的生活形态逐渐展开。青年人在人格塑造的过程中有很多的可能性。我们很少说青年人世故，因为青年人有很多的不确定性，容易情感冲动，容易受环境所感染。作为一名真正的青年写作者，我们的意义或许在于推迟我们变得世故的时间。有人二十岁就变得世故了，多么令人讨厌，人生多么乏味。一些作家或艺术家，为什么到六十岁还跟青年人一样容易激动，对人世生活很敏感。人的世故跟年龄、经历其实没有必然联系，关键看你怎么去保持。经常运动才能保持年轻，六十岁的人看上去有二十岁的活力；写作也是一种精神运动，经常写作，让自己保持生命形态的丰富性，精神状态就会很年轻。一般而言，青年时代多愁善感，写诗多一点；中年时代经营小说，精力充沛、饱满，可以构思鸿篇巨制；到了老年只能写点散文、回忆录了。但年龄阶段与文体气质并非固定的联系，有些作家可以打破、跨越，创作生命力更顽强、更持久。总之，写作的意义，就是自我生命形态的展开过程。

新文科视野下"比较诗学"教学内容研究

董首一

【提　要】　"比较诗学"是比较文学最重要的研究领域，是比较文学研究的风向标。在新文科视野下，我们认为比较诗学研究应跨学科、跨文化，并为中国诗学话语的重建提供有益经验。本文认为，在当下语境中，比较文学研究虽然有中外、古今和不同艺术门类之间的种种异质性存在，但在"文心相同""文化交融"和"彼此借鉴"的作用下，中外、古今及各艺术门类是可以"通约"的。比较诗学研究应包括"以中释西""以古释今""跨媒介诗学"和"总体诗学"四个部分。

【关键词】　新文科；比较诗学；教学内容

引　言

2018年8月，中共中央发文提出"高等教育要努力发展新工科、新医科、新农科、新文科"，"新文科"概念正式提出。接着，教育工作者对这个概念进行阐释，并不断对其内涵进行丰富。目前来看，大家对"新文科"内涵的理解集中于"跨学科""重组知识体系""培养新思维""建构中国话语"等几个方面。而比较文学强调"跨文化""跨学科"，与"新文科"的内在精神有一致之处。"比较诗学"是比较文学最重要的研究领域，法国学者艾金伯勒指出："历史的探寻和批评的或美学的沉思，这两种方法以为它们自己是势不两立的对头，而事实上，它们必须互相补充；如果能将两者结合起来，比较文学便会不可违拗地被导向比较诗学。"[1]钱钟书先生也指出："文艺理论的比较研究即所谓比较诗学（comparative poetics）是一个重要而且大有可为的研究领域。"[2]因此，对"比较诗学"研究方法和内容的探讨，在一定程度上可以启发整个比较文学研究。在新文科要求下，比较诗学的研究要跨文化、跨学科，并努力建构出中国诗学话语。但比较诗学研究中却有着亟待解决的问题，最典型的当属"比较文学"的"通约性"问题；对"诗学"而言，不仅存在跨异质文明是否通约问题，而且同一文明中传统与现代能否通约也是一个学界不断争论的问题；第三个问题便是诗学的跨媒介阐释问题。下面就围绕"通约性"展开，探讨在当前形势下的种种可能。

一、比较诗学研究中的"异质性"问题

关于比较诗学的通约性问题，集中到以下三个方面：一是不同文化中的诗学理论能否通约？二是传统文论是否对现代文学具有阐释效力？三是不同艺术门类之间的理论能否互释？

（一）中西文论的横向异质性

中外对文化异质性的关注由来已久，不同文明之间的信仰、观念、思维等大相径庭，这使他们不能相互理解，这是冲突的原因。就比较文学研究领域，在影响研究和平行研究阶段，基本是在欧美文化圈内进行，不存在文化的异质性问题。在我国台湾早期比较文学研究中，研究者们虽然意识到异质文化的些许差异，如古添洪面对"以西释中"曾悲观地讲道："中国文学里的诗词，其中的神韵往往不能经由外国的文学理论充分表现出来，我们的研究似乎一直无法接触到中国诗词里美学的核心，总觉得差了那么一点。"[3]但是，整体来说，中国学派并没有将异质性问题过于放大，钱钟书、曹顺庆、

---

[1] 干永昌,廖鸿钧,倪蕊琴. 比较文学研究译文集[M]. 上海：上海译文出版社，1985：116.
[2] 转引自张隆溪. 钱钟书谈比较文学与"文学比较"[J]. 读书，1981（10）：135.
[3] 转引自曹顺庆. 中西比较诗学史[M]. 成都：巴蜀书社，2008：322.

张隆溪等学者仍坚持着"通约性"来展开中西诗学的对话①。中外文学异质性问题的真正提出其实与亨廷顿提出"文明的冲突"理论密不可分。

1993 年,亨廷顿发表《文明的冲突》一文之后出版了《文明的冲突与世界秩序的重建》一书,他以敏锐的眼光注意到冷战结束之后,世界的冲突已由两大阵营的冲突转变为不同文明之间的冲突,"新世界冲突的根源主要的将不是意识形态上或经济上的","文明的冲突将主导全球政治。文明间的虚线正替代冷战时期政治和意识形态的分野,成为危机和流血的闪光点"。②受此影响,比较文学界也开始关注中西文化之"异质性"问题,开始探讨中西文论能否通约的问题。一时间,中西文论之"异质性"被无限地放大。最典型的当属余虹《中国文论与西方诗学》。余虹教授讲道:

> 前"全球化"时代的中国古代"文论"与西方"诗学"都是自成一体的文化样式,它们之间的差别是结构系统上的,因而无法通约。对此,我们不妨略而论之。中国古代的广义"文论"是刘勰《文心雕龙》式的"弥纶群言",西方"诗学"则是亚里士多德式的"专论诗艺",或专论一部分被名之为诗性的文本言述。中世纪以前,西方虽有广义的"文学"概念,但却没有发展出基于这一概念的广义文学理论,西方"文学理论"的建构史恰恰是"文学"概念的狭义化史,即狭义"文学"概念和广义"诗"概念的合一史。由 18 世纪美学对"文学"概念的狭义定性而形成的"文学理论"大体等同于"诗学"。值得注意的是,现代汉语语境中"文学理论"这一译语完全是对应于狭义的"theory of Literature"的,这样的"文学

---

① 如钱钟书先生提出"东海西海,心理攸同;南学北学,道术未裂"的观点,其《管锥编》《谈艺录》等博引中外,不认为两者有异质性的不可通约。曹顺庆教授1988年出版的《中西比较诗学》通过"艺术本质论""艺术起源论""艺术思维论""艺术风格论"和"艺术鉴赏论"五个话题展开中西对话,虽然曹教授认为不同文论范畴之间,如意境与典型之间、迷狂与妙悟之间,存在不同,但整体上具有相通性。张隆溪教授1992年出版的《道与逻各斯》也认为中西均有逻各斯中心主义。
② S. P. 塞缪尔·亨廷顿. 文明的冲突[J]. 张林宏,译,国外社会科学,1993(10):18-23.

理论"既不同于中国古代的广义"文论",也不同于中国古代的狭义"文论"。中国古代狭义"文论"要么是基于"文笔之辩"①的文韵文藻之论,要么是基于"诗文之分"的散文论,因而也大异于西方"文学理论"。此外,中国古代"诗论"也不同于西方"诗学"。前者只是作为群言之一的"文类论",它只论及狭义的诗体,后者则论及最一般的"诗性"言述,因而在体裁上它可以包括狭义的"诗""戏剧""小说"等文体。更重要的是,中国古代"文论"和西方"诗学"在概念的内在结构、运思的文化前提和实践的基本目标上都有根本差异,因而"文论"与"诗学"(文学理论)当是两大各有所指的"专名"。②

经过余虹教授的这一清理,比较诗学研究的起点由同一位置置换成了差异性。但余虹教授并不认为中国文论与西方诗学不可沟通,他提出在此差异"之间"以"现代语言论"和"现代生存论"为居于之间的"第三者",凭此参照深入挖掘"文论"与"诗学"(文学理论)赖以运思成文的语言论基础和内在的生存价值论立场。就此,余虹发现文论和"诗学"(文学理论)至少在语言论假设和生存价值论立场上有惊人的相似。③

虽然余虹教授不否认不可通约的中国文论与西方诗学之间可以通过"现代语言论"和"现代生存论"来入思探索它们背后的相通交汇处,但是从此比较文学界对"异质性"的反思也越来越强烈。对"异质性"的放大有可能导致比较诗学和比较文学新的"死亡"。"异质文化"之间是否可以通约的问题成为比较文学研究者的一个解不开的心结。

---

① 应为"文笔之辩"。——笔者注
② 余虹. 中国文论与西方诗学[M]. 北京:生活·读书·新知三联书店,1999.
③ 余虹讲道:"它们都徘徊在以'语词与实在'的关系和'语词与语词'的关系为基础的两大语言观的界域之内、并都在感性(情性)/理性、神性(道性)/人性的二元价值论上取独断论立场,因此,深入开掘中国'文论'和西方'诗学'(文学理论)结构性差异背后的局部相通交汇之处,不仅是可能的,也是必需的,因为只有立足于这些相通交汇之处,才可能详细考辨中国文论和西方诗学最为内在的入思之路和言述空间,才可能为两者的有效对话确立一个有意义的支点。"(《中国文论与西方诗学》第7页)

（二）中国古今文学、文论的纵向异质性

一般来说，属于同一民族和国家的传统文学与现代文学之间的比较不属于比较文学的范围，但就诗学问题来讲，传统诗学与现当代文学、诗学之间的关系较为复杂，笔者认为也有必要纳入比较诗学的研究领域。在学界，不少学者认为传统文学的问题场域与现当代文学的问题场域完全不同，因此，传统文论与现代文论是异质性的文论，传统文论对当代文学不具有阐释效力。这样，在中国内部，出现了传统与现代之间不可通约的问题。持这种观点的学者主要是从中国文化的现代转型角度展开论述的。

1. 传统文学与现代文学所书写的生活对象不同

传统文学书写的是前现代人的感情和生活。前现代社会中，在社会经济上，生产力低下，也没有形成相应的商品生产规模，人们自给自足，一个人往往会多种技艺，建房子、种庄稼、养家畜、制作农具、衣服等，人们在生产中感受着自我力量的伟大，有一种满足感、稳定感和安全感。在伦理道德上，每个人在宗法制度的网络里有秩序地、本分地生活着，每个人的地位与价值似乎一生下来就已被确定好了。当然，他们也有一定上升渠道，就是参加科举，但能够以此改变命运的人数极少。大多情况下他们被束缚在土地上，安分守己。中国传统文学整体充满着"道德理性"精神，主题集中于"歌颂君王""哀叹民生""怀才不遇""朋友之谊""爱情之思"等方面，没有出现"张力""复调""含混"等美学特色。

而现代社会却与传统社会完全不同。随着生产力的进步、科学的发展、工业时代到来，社会分工越来越明确，在产品生产的流水线上，人们只能完成某一道工序（如拧个螺丝钉、贴个标签等），感受到自己在社会中的渺小，从而产生了失落感和不安全感。伦理道德上，商业社会一方面给人带来了一定程度的自由和解放，但另一方面瓦解了宗法制的基础现代社会到来后，价值观念开始多元化，文学作品中"复调""含混""悖论""张力"美学元素大量出现。

从这个角度来讲，在前现代文学基础上产生的中国传统文论似乎的确不

适用于现当代文学的阐释。

2. 前现代文学与现代文学所持的语言不同

海德格尔认为"语言是存在的家",语言的转换也意味着思维的变化。中国前现代文学(主要是诗词、散文)以文言文为主,但在近代,在欧洲俗语文学的影响下,新文化运动的先驱们"崇白话而废文言",白话成为维新之本并最终彻底取代了文言。同时,在欧洲文学影响下,历来不登大雅之堂的小说戏剧占据了文学殿堂的中心,而这些小说戏剧都是由白话写就,如鲁迅的《狂人日记》、曹禺的《雷雨》等。向来居于文学最高地位的古诗文逐渐式微。中国古代文学走向终结。

中国古代文论正是建立在中国古代文学基础上的文论,它以文言文为表述手段,以抒情短诗和散文为基本文类,以风骨、神韵、意境、文气等为基本范畴,它的有效阐释对象只能是中国古代文学。而现当代文学主要是白话文学,是小说戏剧文学,中国古代文论面对当代文学时不可避免地丧失了言说能力。

3. 言说方式的不同

中国传统文论固有的文化规则或话语模式有两个:一是儒家"依经立义"的意义建构方式和以"解经"为基础的话语阐释模式;二是以"道"为核心的"道可道,非常道"式的意义生成和话语言说方式。[①]

儒家"依经立义"的意义建构方式和以"解经"为基础的话语阐释模式指的是中国传统哲学等的发展都建立在对前代经典著作的阐释基础上。这个话语规则的建立可追溯至孔子"述而不作"的解经方式。孔子以尊经为尚、读经为本、解经为事,并由此产生了"微言大义""诗无达诂""婉言讽谏""比兴互陈"等话语表述方式,对中华数千年文化及文论产生了极为深远的影响。后世读书人以"四书五经"为基础,以传统的传、注、正义、疏等方式对其进行注解阐释,这便是"依经立义"的话语阐释模式。在这种话语模

---

① 曹顺庆. 论"失语症"[J]. 文学评论, 2007(6): 79-80.

式的影响下，中国古代文论具有强烈的复古主义色彩，"文必秦汉""诗必盛唐"的观念根深蒂固。以"道"为核心的"道可道，非常道"式的意义生成和话语言说方式，是指中国文论、艺术话语重"悟"不重"言"的传统，强调言外之意、象外之象，表现在后世文论中就是"超以象外，得其环中""不著一字，尽得风流"等等，更表现在中国美学的一些核心范畴中，如"比兴""妙悟""神韵""意境""飞白"等。这造成中国古代文论诗性感悟的入思方式，模糊性、感悟性和非体系性是其主要特征。

晚清时期，诞生于19世纪欧洲的进化论进入中国。崇尚科学逐渐成为思想界的主流思想。科学是在理性思维下开展的，国内自然也兴起对欧洲理性主义思潮的崇尚。"西方的哲学研究虽有那么多不同的门类，而第一个吸引中国人注意力的是逻辑。"[1]以诗性感悟、模糊性和非体系性为主要特征的中国古代文论话语迅速被具有宏大思想体系和严密逻辑论证的西方文论话语所取代。

（三）不同艺术门类之间的异质性

与前两种"异质性"相比，学界对不同艺术门类之间的异质性问题几乎不予关注。这可能与各种艺术起源的"混一"有关，比如，在中国，人们很早便注意到诗、歌、舞同源。艺术在其萌芽时，往往处于混融状态。《吕氏春秋·古乐》中说："昔葛天氏之乐，三人操牛尾，投足以歌八阙：一曰载民，二曰玄鸟，三曰遂草木，四曰奋五谷，五曰敬天常，六曰达帝功，七曰依地德，八曰总万物之极。"[2]这体现了诗、歌、舞的同源性。古希腊也认为诗、音乐、舞蹈具有共同的特征——迷狂，并且，它们本来就密不可分。这一点，在戏剧的产生过程中体现得最为充分。西方戏剧与中国戏曲都源于原始宗教仪式。在这既敬神又娱人的巫术活动中，身体跳动（舞），口中念念有词或狂呼高喊（歌、诗、咒语），各种器物敲打共奏（乐），这种诗、歌、舞混融的仪式是戏剧的最初的形式，也决定了戏剧的综合融通性。只不过西

---

[1] 冯友兰. 中国哲学简史[M]. 北京：北京大学出版社，1985：365.
[2] 郭绍虞. 中国历代文论选（1）[M]. 上海：上海古籍出版社，2009：29.

方戏剧后来分化出话剧（诗）、歌剧（乐）、舞剧（舞）等，而中国戏曲则一直保留了诗、歌、舞混融的特征。在比较文学研究方面，学者们对文学与艺术之间的跨学科研究基本认同。

但也有学者提出异议，认为各种艺术之间有着高下之分，典型的是黑格尔。黑格尔从审美主体的三种艺术的认识方式（视觉方式、听觉方式和感性的表象功能）和与之相适应的感性物质材料或媒介相结合的角度，将艺术分为三种：造型艺术、声音艺术和诗（即语言的艺术）。黑格尔再三强调，艺术分类不能仅仅限于感觉和不同的感性材料，在艺术分类中起决定作用的是艺术本身的具体概念（理念）。不同的感性材料，由于它们显现理念的功能的不同，于是各门艺术就有了明显的差别。依据这样的原则，黑格尔把各门艺术的系统划分为建筑、雕刻、绘画、音乐、诗。海德格尔的这种划分其实也潜藏着各门艺术理论之间不可通约的危机。我们抛开神秘的"理念"，单从各种艺术的"语言"来看，声音语言的音乐和造型语言的建筑之间的确存在着异质性。

二、通约的基础：文心相同、文化交融与相互借鉴

虽然中西文论之间、传统与现代文论之间和各门艺术之间存在着天然的异质性，但不意味着它们彼此之间绝无相通之处。实际上，不论是平时不自觉的艺术欣赏，还是自觉的文艺批评，我们大多情况下都不十分在意异质性的存在。这是为什么呢？具体有以下三个原因。

（一）"文心"相同

首先，中西文学艺术具有共同的"交流域"。钱钟书先生说："东海西海，心理攸同；南学北学，道术未裂"，即说明中西文化之具有相互的通约性。乐黛云先生也认为："由于作为文学创作内容的体验形式和生命形式的普遍性，又由于文学经验和文学本体及其存在形式的普遍性，在没有相互影响联系的中外文学之间存在着许多共同的'话题'，从而使得从国际的角度，突

破语言和地方性文化传统的局限来研究文学的共同特点和规律成为可能。"[1] 乐黛云从文学经验、人类心理指出中西文学具有共同性特征，肯定了不同文化语境的读者完全可以有相似的解读现象。文学艺术是全世界的共同语言，优秀的艺术更是如此，不仅超越时间，而且超越族群、超越国别和文化。而这些"超越"是基于人类共同的生命体验和心理感受的。

其次，古今文学艺术的"文心"也有共同之处。比如爱情、亲情这些话题亘古常新，在文学中不断出现。以爱情为例，从《诗经·秦风·蒹葭》到贺铸《青玉案·凌波不过横塘路》，从戴望舒《雨巷》到卞之琳《断章》，甚至从仓央嘉措到纳兰性德，都在反复表述着"爱而不得"的话题。这些诗作由"爱情"始，又由爱情上升至对人一般处境的思考。

最后，各艺术门类之间的"文心"相同。《礼记·乐记》曰："诗言其志也，歌咏其声也，舞动其容也，三者本于心，然后乐器从之。"[2]诗、歌、舞都是"本于心"，本于情感。《诗大序》中进一步对三者表达心声的层次做了描述："诗者，志之所之也，在心为志，发言为诗。情动于中而形于言，言之不足故嗟叹之，嗟叹之不足故永歌之，永歌之不足，不知手之舞之，足之蹈之也。"[3]由此可见，各类艺术都出于感情抒发的需要，因此"文心"相同。

（二）文化交融

首先，从横向来看，虽然中西方文化差距仍然很大，且有可能永远也不能完全实现相互间毫无隔阂的理解和沟通，但如今网络越来越发达，世界各地的文化的交融进一步加速。特别是对文学艺术来说，其包容性和开放性更是现代之后的重要特色，在国际化的趋势下，我们的文学艺术和研究范式、视角均具有中西杂融的特色。

其次，从纵向来看，传统文化一直对现代文化产生着影响，特别是中国传统独特的思维观念对后世的影响。如马克思讲："在不同的占有形式上，

---

[1] 乐黛云. 比较文学原理[M]. 长沙：湖南文艺出版社，1987：前言.
[2] 杨天宇. 礼记译注（下）[M]. 上海：上海古籍出版社，2013：487.
[3] 郭绍虞. 中国历代文论选（1）[M]. 上海：上海古籍出版社，2009：63.

在社会生存条件上,耸立着由各种不同的、表现独特的情感、幻想、思想方式和人生观构成的整个上层建筑。"①由于中华文化最早起源于黄河中下游地区,西起太行,东至黄海和渤海,平坦广阔的土地为农业生产提供了得天独厚的场地。这形成了中国的农业文明,并产生了与之相适应的宗法制度、内倾意识、天人合一思维和重伦理道德的观念。而其中一些文化观念至今仍对现当代文化产生影响。

最后,各艺术门类之间也在彼此融合。前文讲过,各种艺术的发生和起源是混一的,在之后发展中也是彼此交融的,如苏轼谈王维的诗画:"味摩诘之诗,诗中有画;观摩诘之画,画中有诗。"西方文艺复兴时期,画家达·芬奇说,诗是"眼睛瞎的画",画是"嘴巴哑的诗"。17 世纪的夏尔·弗雷斯诺亦有同样的论断:"诗如画,画亦如诗"。特别是今天的影视艺术,融合了文学、音乐、舞蹈等各种艺术形式。

(三)彼此借鉴

由于共同的"文心"和文化的交融,中外之间、古今之间和各艺术门类之间彼此借鉴的情况便发生了。

就中西之间,中国对西方文论的借鉴主要体现在话语规则和精神意志上。王国维借助西方逻辑言说方式,在康德、叔本华的影响下,完善了中国的"意境"说,并写出了《人间词话》。中国现代诗歌借鉴西方,写出具有现代意识的诗歌。而西方也从中国哲学中寻找到解决当下危机的智慧。

在传统与现代之间,现代文学、艺术大量借鉴传统美学元素。首先,从传统与现代的纵向来看,传统与现代不是绝对的割裂。中国现当代文学表面上看受西方影响很深,意识流、新小说、荒诞派、魔幻现实、新历史等绚烂异常,但它们的意识深处都有传统在起作用。博兰霓将人的意识区分为明显自知的"集中意识"(focal awareness)和无法表面明说、在与具体事例时常接触以后经由潜移默化而得到的"支援意识"(subsidiary awareness)。人的

---

① 马克思,恩格斯. 马克思恩格斯选集(第一卷)[M]. 北京:人民出版社,1995:611.

创造活动是这两种意识相互激荡的过程，但在这个过程中，"支援意识"所发生的作用更为重要。博兰霓说："在支援意识中可以意会而不能言传的知的能力是头脑的基本力量。"①在具体的现当代文学创作中，虽然不少作家的"集中意识"体现为向西方文学学习，但在背后的"支援意识"仍与中国传统文化有着千丝万缕的联系。不少作家明确表明自己对古典文学的爱好，格非讲他非常崇拜李商隐，苏童坦言《红楼梦》与"三言二拍"对自己创作的启发，莫言说他受蒲松龄《聊斋志异》影响很深。

各艺术门类之间的借鉴也比较常见。如"蒙太奇"手法是影视艺术的独特言说方式，但现在也大量出现在文学中。诗歌、绘画讲究"象外之象""韵外之致"和"意境"，而影视艺术在讲好故事的同时也借鉴了这些手法。

三、文化交融时代比较诗学的新方向

比较诗学研究中的各种异质性随着共同诗心、文化交融和相互借鉴而变得越来越小，比较诗学就可以在以前无人涉及或少人涉及的领域内大施拳脚。"以中释西""以古释今""跨媒介诗学"等便是之后的新研究领域。最后，比较诗学必将走向"总体诗学"。

（一）"以中释西"

针对目前"以西释中"过于强势的局面，本文提出"以中释西"，就是以中国传统文论为工具，对西方文学、现象进行批评。

1. "以中释西"的必要性

首先，这是比较文学"双向阐发"的要求。对比较文学中国学派来说，"阐发法"是最重要的方法之一，在跨文化比较中可以弥补平行研究中主题学、类型学、文体学等表面化或勉强化的不足。孙景尧、乐黛云等学者都对"双向阐发"表示肯定。但可惜的是，目前只见"以西释中"，不见"以中释

---

① Michael Polanyi. *Knowing and Being*. [M]. Chicago: University of Chicago Press, 1969, p. 156.

西"。针对这一现状,我们有必要大力提倡"以中释西"。

其次,"发现西方"的需要。王岳川教授曾提出"发现东方",就是我们中国人自己发现自己,而不是西方所认为的东方。沿着这条思路,我们可以问,难道我们所了解的西方就是真实的西方吗?我们需不需要"发现西方"?笔者认为,这个提问是有必要的。与东方学对应,我们认识的西方也是西方"文化霸权"强加给我们的经过"美化"的西方。

最后,矫正中国文论的"失语"。中国文论的"失语"是从20世纪90年代中叶至今被反复讨论的一个话题。这个话题经曹顺庆教授阐发引起国内关注。中国传统文论到五四运动后便已终止。五四运动之后的文论话语是一种移植过来的话语,除了钱钟书、朱光潜、宗白华等少数理论家外,基本上操持的都是西方话语。就后现代语境来说,每种理论话语都是平等的,为了避免中国文论"失语","以中释西"是最直截了当的方法。

2. "以中释西"的策略

我们在用中国文论对西方文学进行阐释的时候要注意到西方文学本身的复杂性。我们分三个板块进行。

首先,对西方前现代文学的阐释。如前文所讲,不少学者对中西文学异质性是否通约表示质疑;还有一些学者针对中国文论重直觉、感悟,缺乏分析的特点质疑其是否具有对西方文学阐释的效力。但有一点可以肯定,中西方传统文学均是前现代的产物。它们除了有共同的"文心"之外,还有共同的前现代文化语境。就具体策略来讲,可"以重要概念、观点为中心点状展开",如可以以白居易《与元九书》的文学观点为主来解读华兹华斯的《抒情歌谣集序言》和诗歌;也可以"以系统理论为指导线状进行",如黄维樑教授用刘勰的"六观"来分析莎士比亚的《铸情》[①];还可以"以话题为基础面状铺陈",如以刘勰"神思"来阐述西方的艺术思维。

其次,对西方现代文学的阐释。中国文化作为一种"早熟的文化",在

---

① 黄维樑. 中为洋用:以刘勰理论析莎剧《铸情》[J]. 中国比较文学, 2012 (4): 82-92.

先秦时期就涌现出儒、墨、道、法、名等诸多流派，这些流派涵盖了作为"正常儿童"的西方的整个生长历程中的几乎所有思想特色。就文论来讲，中国文论本身具有西方前现代、现代、后现代的各种因素，所以用中国传统文论对西方现代文学进行研究是可行的。具体体现在，就精神层面来说，西方现代文学的"异化"与老庄的"物役"相似；就审美范畴来看，现代文学的"丑"和"荒诞"与老庄"畸人"和晚明"丑拙"相似；就艺术表现来说，现代文学的象征暗示与中国传统诗学"象外之象""韵外之致"相似。

最后，就文学交流时代而言，美国现代"新诗"具有较强的中国美学特色。这个时期，庞德、艾略特、威廉斯等众多作家均受到中国诗歌的影响，而中国美学也在他们诗歌中出现。

3. "以中释西"应注意的问题

虽然，我们不能过分夸大异质性以阻碍"以中释西"的道路，但完全忽略异质性也是不正确的。我们要考虑到中国理论与西方文学的特殊性，对理论进行调试，以最大可能地提高中国诗学的阐释力度。

首先，要树立"文体意识"。厄尔·迈纳在"文体"中发现了比较诗学"可比性"的问题。他认为，不同民族的诗学是在某个基础文类上建立起来的，因此在比较的时候要考虑双方诗学的基础文类是否一致。虽然我们不能夸大文体的作用，但我们在"中西互释"的过程中要尽量具有"文体意识"。如刘勰《文心雕龙》和陆机《文赋》对应诗歌和散文，我们可以用来阐释西方的抒情诗，如萨福、彼特拉克、但丁《新生》之类的作品，也可以阐释蒙田、培根等人的散文；吕天成《曲品》、王骥德《曲律》和李渔《闲情偶寄》对应于戏剧等。

其次，要梳理诗学范畴。我们不能只从某人的某一概念出发对西方文学进行阐释。我们要将其整合为较有系统的理论体系，以此对相关作品进行强有力的阐释。

再次，强调对被阐释文本的细读。重视文本细读，一方面是尊重文本自身的内容和特点，另一方面也是丰富自我理论内涵的一种方法。如中国的审美范畴"风骨"之特质是"遒""劲""健""力",西方的《伊利亚特》也具有"风骨"特征。但仔细辨析会发现,《伊利亚特》的"风骨"体现在"与命运抗争""自我意识的强调""尚勇精神""结构的宏大""高雅的措辞"等几个方面。

最后,理论与文本结合时,需要对理论进行微调以适用于阐释对象。如黄维樑《中为洋用:以刘勰理论析莎剧〈铸情〉》一文中对"位体"的理解便是。

(二)"以古释今"

"以古释今"指运用中国传统文论对中国现当代文学进行阐释。

1. "以古释今"的必要性

中国传统文论对现当代文学阐释的有效性,一方面在于古今思维有相似之处,另一方面就是现当代文学的"支援意识"来自传统。

首先,古诗词在当代仍存在。随着白话文学的兴起,虽然诗歌、小说、散文等都完成了文言向白话的转换,但仍有不少人在坚持着古体诗词的创作。据统计,从国家图书馆和北京大学图书馆中所藏旧体诗集来看,1919年到1949年共有149种。1949年以后更是数不胜数。

其次,古代文学技巧、美学仍在现当代文学中延续。李怡教授在论述中国现代新诗与古典诗歌传统时讲道:"如果说在西方诗歌自我否定的螺旋式发展中,民族文化的沉淀尚须小心辨识方可发现,那么,中国诗歌并不如此,在漫长的历史中建立的一个又一个的古典理想常常都为今人公开地反复地赞叹着,恢复诗的盛唐景象更是无数中国人的愿望。"[1]中国现当代文学,不论是遵循传统还是反对传统,其根本都植根于传统。而作为对传统文学概括总结的传统文论自然能够对现当代文学进行阐释。

最后,中国人独特的思维观念。中国的农业文明社会产生与之相适应的各种观念也或多或少影响到现当代文学的发展,使得后者有与传统文论相契

---

[1] 李怡. 中国现代新诗与古典诗歌传统[M]. 3版. 北京:中国人民大学出版社,2018:11-12.

合的地方。

2. "以古释今"阐释路径

首先，思想阐释。中国传统文化不仅有诸子百家，还有古代的民间宗教、信仰、民风民俗等，这些文化贯穿于现当代文学之中。现当代文学中有道家的"逍遥"超然，如《棋王》；有以道家思想为基础建构新的精神家园，如《大淖记事》；有体现庄子的悲剧意识，如宗璞《我是谁》等。除此以外，还有民间神话思维的影响。这些神话思维也为当代文学带来了神秘色彩。

其次，美学阐释。中国儒释道思想对后世文学创作产生了深远影响。杨绛《干校六记》深得儒家"温柔敦厚"美学之风；沈从文《边城》与汪曾祺《大淖记事》既具有老庄的思想内涵，又具有老庄的美学风格。当代文学表现最突出的"狂欢化"美学特色也与传统美学之"尚奇求新"有关。

最后，技巧阐释。中国古典文学由诗歌、小说、散文、戏剧等组成，传统文论在这些文种基础上产生，故包括对各类文种技巧的探索。古代文学对现当代各种文体均有深远影响，甚至还会出现跨文体影响，比如莫言的《檀香刑》是小说，但形式上显然受到民间戏剧茂腔的影响。还有传统的"写意技法"与现当代文学的"诗化""散文化"有很大关系。

3. "以古释今"应注意的问题

虽然利用中国传统文论对现当代文学进行阐释具有一定合理性，但我们也要注意，当代文学是一个动态发展的过程。另外，现当代文学的发展与西方文学的影响密不可分，西方文学为本土文学注入了某些异质元素，并且是传统文论无法阐释的元素。

首先，注意阐释对象具体语境的复杂性。如戴望舒的《雨巷》，不少人认为这首诗比较"古典"。但段从学教授从两个共时性维度——即《雨巷》与同时代作家作品的比较以及域外文学的影响——来对《雨巷》进行重新审视，指出："《雨巷》的中国古典性传统，实际上是被波德莱尔的现代性因素发明和激活的,绝非诗人以自己熟悉的古典诗歌传统为出发点,把陌生的西方现代性因素纳入既有的知识和经验模式的结果。"①

其次,注意传统文论范畴内涵的多样化。一方面是理论家本人赋予某个词以丰富的内涵,另一方面是不同的理论家对某个词的理解不同。特别在文论的历时发展中,某个文论范畴的内涵就更加难以确定。如"气"这个术语就包括本体意义的"气"、作家的气质和文学作品中之审美因素。

最后,注意文化与文学的关系。中国现当代文学的发展与哲学、文化思维方式等密不可分,如果抛开哲学与文化,只从公认的"文学本体论""文学起源论""文学创作论""文学风格论"和"文学鉴赏论"几个方面出发,那么对文学深层次的内容便无法挖掘出来。

(三) 跨媒介诗学

文化的融合不仅体现在中外文化、传统与现代文化的融合,还有不同艺术类别之间的融合,因此,"比较诗学"要注意到"跨艺术门类"这一问题,所以有必要提出建构"跨媒介诗学"的问题。这部分内容主要以文学与数字影视为例讨论"跨媒介诗学"的建构问题。

1. 跨媒介诗学产生的基础

首先它们的产生缘起基本一致,主要有模仿、游戏、表现等几个原因。但是在文学与数字影视中,它们的呈现还有细微区别,分别体现在"模仿"与"类像"、"创造游戏"与"被游戏创造"、"个性表现"与"先在表现"之间的区别。

其次,美学诉求一致。文学与影视艺术均追求"意境"和"崇高",但分别存在"自然意境"与"追忆意境"的区别和"精神崇高"与"虚拟崇高"的区别。

最后,艺术功用也基本一致。

---

① 段从学.《雨巷》:古典性的伤感,还是现代性的游荡? [J]. 山西大学学报(哲学社会科学版),2014,37(3):8.

2. 文学艺术与数字影视的异质性

文学与数字影视之间的异质性主要体现在：文学艺术重视不可视的"想象"思维，数字影视重视直观的"视觉"形象；文学艺术偏向无功利状态下的"兴寄"，数字影视偏向经济操控下的"消费"；文学艺术带给读者的结果侧重于隽永的"回味"，数字影视带给观众的结果侧重于即时的"快感"。

3. 跨媒介诗学建构方法

文学与影视艺术在一些理论问题上基本一致，但是仔细考辨会发现它们之间有许多不同。跨媒介诗学是第三种诗学，但艺术的媒介跨越还没有充分展开，这就为跨媒介诗学的建构带来许多障碍和不确定性。目前，笔者认为有三条路径：首先是提取共同的诗学术语，并注意考辨异同；其次，以文学理论为主，建立跨媒介诗学；最后，结合当下语境，关注美学嬗变。

（四）总体诗学

在打破中西、古今、各艺术门类之间的异质性之后，比较诗学便不可避免地向"总体诗学"迈进。"杂语共生"是文化融合时代文学艺术理论话语的特色，也是构建"总体诗学"的方法。"杂语共生"是指全世界各民族、国家的理论话语同时发声，对文学的语境、话题、现象等进行阐释，从而打破单一话语垄断局面，丰富我们对文学一般规律的认识。

1. 总体诗学的成立基础

首先是互补的需要。任何国家、民族文化的发展都离不开与其他国家、民族文化的交流。文化发展需要在他者之境中进行自我发展。各国文论相互借鉴、互补的需要决定了总体诗学的存在。

其次是文化融合的要求。经济的世界化必然带来精神文化的世界化，在这种情况下，各国的文学必然，形成"一种世界的文学"。以中国现代诗歌为例，它具有中国美学特色，同时也具有西方精神。同时，中国文学也在影响西方，庞德的意象派诗歌便是如此。

最后是比较文学的内在要求。在比较文学发展初期，梵·第根就明确地把文学研究划分为国别文学、比较文学和总体文学。20世纪80年代中国比较文学学者以总体文学的观念从事文学研究，在实践中注意将比较文学与总体文学结合并取得了显著的成就。因此，有人提出比较文学学科的研究内容已超出"比较文学"一词所能涵盖的范围，有必要把学科名称改为"比较文学与总体文学"。这是"总体诗学"产生的学科原因。

2. 总体诗学建构方法

"总体诗学"的目的是对全世界优秀文学的共同美学价值和创作规律进行总结。但总体诗学建构必须从国别诗学出发，在尊重国别诗学的基础上，通过跨国界、跨文化、跨艺术门类走向"总体诗学"。

首先是互补意识。互补意识体现为各民族、国家诗学的相互补充。确切来说，"诗学互补"是指中西方诗学在面对同一个问题时，结合各自的社会、文化语境，提供一种解决方案，而这些方案有可能是截然不同的内容，它们可以相互补充，共同完成对某个诗学问题的阐释。"互补"可从"诗学范畴、术语互补""诗学精神互补""诗学话语规则的互补"三个方面展开。

其次是变异思维。变异学与他国化理论的提出为我们构建总体诗学提供了新方法。文论一旦经过变异或他国化，原来的文论概念都不再是原来的含义，当然也不完全是接受国的含义，这是一种既有原来的内涵又有接受国内涵的概念，是一种"间性"，或者可称之为第三种文论。我们可以将这第三种文论理解为"总体诗学"，但这种诗学与前面的互补诗学并不一样，变异诗学中接受国的文化成分要更多一些。变异诗学具有"发现自我""强化自我"和"创造自我"的作用。

最后要有问题意识。"问题意识"指的是以文学和文论的问题为中心，展开多元对话，从而形成"杂语共生"的总体诗学。具体来说，这些"问题"包括"现象阐发""话题阐发"和"语境阐发"三个方面。

结　语

在新文科思想的指导下，我们将"比较诗学"的研究领域拓展为"以中释西""以古释今""跨媒介诗学"和"总体诗学"。当然，打破中西、古今、各艺术门类的界限以寻找诗学的阐释路径还有许多不成熟的地方。笔者在行文过程中遇到许多还需深入探讨的问题，比如中国当代文论的归属问题，用什么方法判定它究竟是中国文论还是西方文论呢？中国传统与西方在当代文论里面所占据的成分就多就少？不管怎么回答，总不尽如人意。所以文中笔者有意回避掉当代文论，特别在"以中释西"部分，这部分内容基本是从中国传统文论出发来探究西方。本文的几个部分都是国内没有涉及或极少涉及的，因为一般人认为以中释西、以古释今都是不可能的（虽然对各艺术门类之间互释的质疑声音要小很多，但这方面的阐释成果却不多见）。但正是不可能，才需要去尝试和开拓。

校史剧：以文化育人为目标的高校思想政治教育新策略

周珉佳

【提　要】校史是体现大学人文精神和办学特色的重要载体，在文化传承和文化育人方面具有重要价值。随着我国高等教育的改革发展，越来越多的高校开始重视校史的集结建设。自2012年起，国内高校开始陆续创作、排演校史剧，这成为高校思想政治教育和文化建设的新内容。校史剧具有思想性和艺术性的双重价值，这类话剧主题鲜明，又有史实参与，故事框架相对明确，除了与历史剧有一定的重合属性之外，还具有一些个性特征。本文以"共和国的脊梁"系列校史大戏为主要研究对象，总结了校史剧的具体艺术特征和主题特征，也指出了校史剧存在的一些内在问题。总之，对校史剧的重视和研究有利于校园原创话剧的发展，更有助于大学生增强文化自信，提高艺术修养，具有较为重要的实践应用价值。

【关键词】大学校史；校园话剧；思想政治教育；文化育人

校史是一所大学成立与发展的真实记录，体现着高校的办学精神和治学态度。高等学府的校史同时也是地方专门史和教育史，甚至是科技史的重要组成部分，是高校校园文化建设的重要内容。借宣传校史文化打造新型文化育人策略，有利于推进大学文化建设步伐，形成优良的思想政治文化教育氛围，同时也有利于加强师德师风的宣传教育，明确新时代大学生的责任与担当，增强大学生的归属感、认同感和荣耀感。因此，为深入学习贯彻习近平总书记在全国高校思想政治工作会上的重要讲话精神，同时积极响应团中央号召，努力践行"一学一做"教育实践，弘扬中华优秀传统文化，诸多高校已推出制作精良的"原创校史剧"。

校史剧充分发挥了文化唤醒功能,通过讲述对建校有重大贡献的知识分子的人生经历,赞扬他们严谨求实的治学态度和办学精神,突出"不忘初心,方得始终;勤奋学习,砥砺青春"的主旨;用有感染力、有里程碑意义的事件形成戏剧的主要情节线索,构成正面、有效、生动的教育题材,使学生了解所在高校的发展历史和教育理念,将创作排演校史剧作为思政教育的重要途径和鲜活载体。由高校师生创作、演出校史剧,这实际上是对高校的思政教育工作提出了更高端、更人性化的要求。

一、"校史"和"校史剧"的存在价值

校史是大学办学特色和大学精神的重要体现,对大学生的自我认知和大学的文化育人具有重要意义。高校校史研究是中国近现代史研究的重要领域之一:中国科学技术大学科技史与科技考古系教师张志辉在 2009 年就撰写文章《口述历史与高校校史研究——以中国科学技术大学口述校史研究为例》,正式将国内高校口述史作为明确的课题进行系统研究。熊明安和赵正合著《从〈华西医科大学校史〉谈中国近现代高等教育发展的特点》,佐证了校史对中国近现代高等教育的影响。陈远的著作《燕京大学 1919—1952》出版,向读者展示了燕京大学 33 年的校史、学术成就以及在中国近现代史上的影响,同时通过这段校史折射了近代中国的命运,以及中西文明的冲突……更有上海交通大学关工委课题组撰文《校史是高等学校文化育人的生动教材》,呼应了胡锦涛同志于 2011 年清华大学一百周年校庆大会上的发言:"……要积极发挥文化育人作用,加强社会主义核心价值体系建设,掌握前人积累的文化成果,扬弃旧义,创立新知,并传播到社会、延续至后代,不断培育崇尚科学、追求真理的思想观念,推动社会主义先进文化建设。"[①]在高等学校中普遍开展的校史编研工作是学校文化建设中的重要组成部分,因此,校史教育有迫切性,更有必要性和可能性。北京大学蔡元培、清华大学

---

① 胡锦涛. 在庆祝清华大学建校 100 周年大会上的讲话[M]. 北京:人民出版社,2011.

梅贻琦、南开大学张伯苓、浙江大学竺可桢、东南大学郭秉文等校长，都有一个继承儒家文化中培养君子的思想、使之与现代知识分子的养成衔接的教育理想，所以，他们成为现代教育史上一个又一个辉煌的坐标。纵观古今中外的知名大学，由精神脊梁凝聚着的办学理念和教育特色是学校赖以生存的根基，引领着学校的价值追求和行为导向。坚持文化育人，发展有灵魂的教育，是亘古不变的主题。随着我国高等教育改革发展进入快车道，越来越多的高校更加重视校史的集结建设。

校史与专业教育中的基础课、专业课以及实验教学等都不一样，它是以校史、校情为主要内容，以鲜活的校史人物为学习榜样，以校史中凝练出来的精神与传统作为激励个人的精神动力。对学生来说，校史融合了历史、哲学、思想、道德、理想、品格、方法、观念等许多范畴的内容，可以潜移默化、润物无声地渗透到思想教育之中，无形中影响青年学生的价值取向和思维方式，使他们形成正确的世界观和人生观，在价值观上启发学生建立知识分子"以天下为己任"的社会责任感。尤其是人格崇高、学有建树的、对学校发展有里程碑式意义的重要学人，是校史记载和宣传的重要内容，这些学人的人生选择对当代青年大学生有深刻的影响。我们要求青年学生积极加强自身思想品德修养，认真学习中国特色社会主义理论体系，牢固树立正确的世界观、人生观、价值观，胸怀远大理想，陶冶高尚情操，培养科学精神，立为国奉献之志，立为民服务之志，这既是"学人治学"的理论再现，也是当今高校文化建设的发展方向。

自 2012 年，排演"校史剧"成为高校思政教育和文化建设的新内容。一般来说，因为校史剧主题鲜明，又有史实参考，故事框架相对明确，所以，校史剧有比较突出的两大特点：第一，校史剧一般都是将对学校发展有重要贡献的治学导师、精神楷模作为主人公，并将学人置于宏大历史背景中，将个人史、校史、国家民族史等结合起来，形成有点有面的叙事体系；第二，校史剧的叙事方式和主题内容都较为质朴，不先锋、不花哨，踏实稳重地将令人尊敬的学人形象呈现给当代大学生。表 1 是笔者统计的国内高等院校的校史剧剧目。

表1　国内高等院校校史剧剧目一览

院校	校史剧目	院校	校史剧目
清华大学	《马兰花开》	上海师范大学	《师说》
浙江大学	《求是魂》	河南大学	《九歌》
同济大学	《同舟共济》	山西大学	《山大、山大》
南开大学	《杨石先》	华侨大学	《情定康乔》
上海交通大学	《钱学森》	西藏大学	《格桑花又开》
厦门大学	《哥德巴赫猜想》	中国美术学院	《负丹青年华》
西安交通大学	《追忆西迁年华——向西而歌》	西安电子科技大学	《永不消逝的电波》
吉林大学	《唐敖庆》	中国农业大学	《稼穑之歌》
中国地质大学	《大地之光》	广西大学	《一代宗师马君武》
天津大学	《侯德榜》	内蒙古大学	《柳毅传》
北京交通大学	《茅以升》	南昌大学	《军旗升起的地方》
上海财经大学	《匡时魂》	西南财经大学	《光华》
南京大学	《蒋公的面子》	东北大学	《离离原上草》
北京航空航天大学	《罗阳》	上海大学	《红色学府.》
中山大学	《雨花台》	甘肃农业大学	《盛彤笙》
大连理工大学	《屈伯川》	北京化工大学	《归期》
河北医科大学	《殷殷赤子心》	四川农业大学	《顽石》
安徽师范大学	《建校初心》	北京科技大学	《燃烧》《绽放》《奔流》(三部曲)
西安文理学院	《冯从吾》	电子科技大学	《又见青春》
对外经济贸易大学	《远航》	广西师范大学	《杨东莼》

二、"共和国的脊梁"——科学大师名校宣传工程系列校史大戏

在笔者所统计的国内高等院校校史剧中,特色最为鲜明、影响最为广泛的就是由中国科协发起组织的"共和国的脊梁"系列话剧。

"共和国的脊梁——科学大师名校宣传工程"是由中国科协发起的科学家主题宣传活动，旨在通过话剧、音乐剧等艺术形式，广泛宣传把自身事业追求和人生价值追求同国家富强、社会进步、人民幸福紧密联系起来，坚持以人民利益为最高利益、以报效祖国为最高荣耀、在创造一流科技业绩中书写人生辉煌的科学大师，展示共和国脊梁的光辉业绩、崇高形象，引导广大青少年和科技工作者自觉践行社会主义核心价值体系。浙江大学、清华大学、吉林大学、中国地质大学、上海交通大学、天津大学、厦门大学等9所高校排演的原创校史大戏，讲述了唐敖庆、钱学森、杨石先、茅以升、罗阳、李四光、邓稼先、竺可桢、陈景润这些科学家生命中的动人故事。他们既是令人敬仰的科学大师，又是共和国的骄傲，为共和国的繁荣富强立下了不朽功勋。广大师生在演绎和观赏这些校史大戏的同时，也使心灵得到洗礼，精神得到升华。

　　由清华大学创作排演的《马兰花开》为"共和国的脊梁"打响了头炮。这部原创话剧以"两弹元勋"邓稼先为主人公，立足于中国国防工业发展的宏大历史背景，书写了邓稼先崇高伟大的爱国精神、严谨创新的科学精神、默默无私的奉献精神和高尚纯粹的人格魅力。戏剧以邓稼先的事业和情感为载体，以国家命运为题旨，从大处着眼，唱响主旋律，大力弘扬民族精神，激起了广大清华学子的精神共鸣。尤其是戏剧结尾处，当邓稼先说出："人们总问我，隐姓埋名值不值得？如果人生可以重新选择，我还愿意做戈壁滩上那一株小小的马兰花，用我全部的生命照亮脚下这厚厚的土地……"全场观众无不动容。这部戏通过"马兰花"这个意象来比喻邓稼先的精神——在这些从事核试验的人们心中，马兰花是美的象征，更是扎根在戈壁滩荒漠中默默绽放的一种精神。但美中不足的是，戏中矛盾细节的部分比较乏味，过于强调抒情，感人的语言全都来自戏剧客观营造出来的情境氛围，而非戏剧矛盾和情节本身的推动。究其原因，是戏剧没有表现出时代感和真实性，没有将理念和观念转变为生活化的戏剧景观。戏剧本身展现的那段充满了理想与激情、交织着欢笑与泪水的难忘岁月与当代大学生的生活距离过于遥远,而戏中的社会背景交代得不够鲜明准确,只将重心放到了邓稼先角色本身的抒情表达和集体性的情感爆发,话语系统出现了一定程度的错位。当代大学生除了需要感受主人公质朴大气的英雄形象和丰富而赤诚的内心世界,更需要了解时代与历史氛围。假如能够协同恰当的人文话语系统,从表现单一人物的狭小视域上升到真实表现一个时代景观的宏大视角,运用生活化的表现形态和语境语态,把一个"真实"的而非一个神话英雄般的邓稼先呈现在年轻大学生眼前,则更能以艺术的魅力吸引人、感染人、教育人。《马兰花开》作为"共和国的脊梁"第一部作品,具有极高的现实意义和教育价值,但是它的上述不足也让高校师生认识到:秉持刚柔并济、青春向上的真实艺术风格,才能将主旋律题材的剧目展现出理想主义的生动。

比起《马兰花开》,厦门大学创作的《哥德巴赫猜想》无论在主题内涵还是在艺术风格方面,都显得相对成熟。《哥德巴赫猜想》以著名数学家、一代科学大师、厦门大学杰出校友陈景润为主角,将真实生活与艺术想象结合起来,表现出陈景润不断接近、挑战"哥德巴赫猜想"的过程。"哥德巴赫猜想"作为古典数学的经典命题,几百年来吸引了无数数学家和数学爱好者的倾情投入。陈景润攻克"哥德巴赫猜想"正是人类不断挑战自我、探索未知世界的精神体现。"数学是我存在的意义,证明猜想是我生命的目标。"陈景润为了梦想勠力前行,他于历史夹缝中不畏艰难、勇于探索的科学探索实践,显示了不凡的人格风范和人性魅力,也充分展现了人性中难能可贵、果敢坚忍的信念和品质。

值得注意的是,《哥德巴赫猜想》剧组表现出了强烈的人文使命感,尽力让这样一部歌颂杰出校友的话剧回归真实人性的层面。陈景润在特殊历史时期的遭遇在舞台上得到了写实与写意的交叉呈现,人物的服装和语言都基于现实而加入了艺术修饰。剧中反复出现陈景润伏案演算的场景,这既是表现陈景润在遭遇迫害后绝地逢生时奋发拼搏、日夜苦算"哥德巴赫猜想",又为结局处陈景润终于攻克了"哥德巴赫猜想"埋下了铺垫。其间,舞台上出现了音乐、朗诵、舞蹈、乐器等丰富的舞台词汇，扎实又空灵。结局处配着鼓点节奏，演员们动作飞快地演算，形成紧张的气氛；气势磅礴的音乐由远及近，演员们都将手中的演算纸张抛撒空中，纸张肆意飞扬，形成了一种强大的视觉冲击，人心随之一震，全剧进入最高潮处。当陈景润终于攻克了"哥德巴赫猜想"，一位隐喻数学明珠的身穿白裙的舞蹈演员向其款款而来、翩翩起舞，陈景润意气风发地登上摞搭的椅子，那就是数学殿堂的高峰。曼妙的舞蹈，动人的音乐，美妙的歌声，还有演员投入的表演，都显示出《哥德巴赫猜想》这部校园话剧的精致与深刻。在话剧舞台上展现陈景润的一生，有一个比较难处理的地方，即如何让观众了解他倾毕生心力研究的"哥德巴赫猜想"，如何让抽象的数学难题在舞台上生动形象地展现出来。编剧和导演巧妙地运用"歌队"旁白的形式解决了这一难题。实际上，苏联剧作家万比洛夫早在创作《窗子朝着田野的房子》的时候就运用过这一方法——该剧女主人公阿斯塔芙耶娃对即将离开乡村回到城市的男主人公特列齐雅柯夫有爱意，却又不便直言挽留，编剧便安排"歌队"在舞台侧方和深处合唱，把难以直言的话语嵌到歌词里，对人物语言和故事情节形成补充。回到《哥德巴赫猜想》，于观众而言，这种表现形式既不会造成对剧情和人物的疏离，又可以在富有趣味的表演中完成对陈景润人生经历及学术成就的了解。

　　浙江大学《求是魂》的主人公是浙大老校长、中国气象科学、地理科学的奠基人竺可桢。戏剧以竺可桢一生的命运发展为线索，设置了求学报国、临危受命、烽火西迁、求是育人等情节。剧目以竺可桢先生的日记为索引，以"二十四节气歌谣"为剧眼。晚年竺可桢缓步走上舞台，他翻开手中的日记，将自己一段段难忘的岁月向观众娓娓道来——在北极阁捍卫中国的气象主权；抗战期间不畏艰险带领浙大师生辗转西迁办学；中华人民共和国成立后担任中国科学院副院长，奔波大江南北，万里躬行；在苍凉的戈壁滩上坚持记载物候；晚年在书案前与老友相逢，感慨万千……《求是魂》的编剧秉承波兰戏剧家格洛托夫斯基的质朴戏剧理论，削减附庸的华丽铺排和渲染，还原最核心的戏剧主旨和故事内核。因此，这部校史剧从内在人物性格到外部戏剧表现形态都呈现出极为"质朴"的特点。

比起浙江大学《求是魂》的"质朴"，吉林大学以紫焰剧社为主力创作的《唐敖庆》则显得华丽许多。作为东北地区规模最大、最为重要的综合性高校，吉林大学在建校70周年大庆时推出了校庆剧《唐敖庆》。这部戏将中国现代理论化学的开拓者和奠基人、"中国量子化学之父"、著名化学家和教育家、吉林大学老校长唐敖庆院士从求学到留洋、从任教到办学、从青葱年少到两鬓斑白的生活历程都搬上了舞台。话剧清晰的主题设定、流畅的起承转合、自然的情感流露，让人的观感流畅自然，毫不突兀。然而，如果单纯从话剧内部结构和戏剧鉴赏层面来说，故事的情节略显单薄了一些，戏剧内容和结构并不具备矛盾爆发向前推动的机制和能力。不过，这部话剧的不足被剧中精巧又富有深意的舞台设置弥补了，主体大背景是由唐敖庆先生的几大本笔记手稿交错而摞的旋转舞台，极具视觉冲击力，瞬间将观众拉进了剧情，悉听吉林大学师生言说着唐敖庆先生付一夏一秋之心血，扬一校一国之情怀。

中国地质大学的"脊梁"人物则是"大地之光"李四光先生。话剧以李四光先生弥留之际为切入点开场，以李四光先生"爱国、求是、担当、奉献"的价值追求为灵魂和主线，倒叙了第四纪冰川科学依据的争论、寻找铀矿、石油会战、地震预测预报等故事，表现了剧中人物在特定历史情境中的个性和内心活动，充分展现了以李四光先生为代表的科技工作者为民族振兴、国家富强、社会进步和人民幸福鞠躬尽瘁的崇高品格。

除了上述几部，"共和国的脊梁"系列校史剧还包括上海交通大学的《钱学森》、天津大学的《侯德榜》、北京交通大学《茅以升》、南开大学的《杨石先》、北京航空航天大学的《罗阳》。另外，中山大学的《雨花台》、西安交大的《追忆西迁年华——向西而歌》、电子科技大学的《又见青春》，都属于主旋律风格的校史剧。北京科技大学师生先后创作原创校史剧《燃烧》《绽放》《奔流》三部曲，生动再现了魏寿昆、柯俊、肖纪美等学术大师爱国奉献、追求真理的感人事迹。西南财经大学原创校史剧《光华》再现了"五卅惨案"后上海圣约翰大学百余名爱国师生愤然离校，拥戴张寿镛先生创办上海光华大学的历史事件。总之，"校史"和"校史剧"已经成为国内高等学府介绍自己的名片，同时也是对在校学生进行思政教育的一个全新课堂，更是令校友们倍感荣耀的凝聚磁场。

三、校史剧创作的相关问题

1941年，当希特勒德国向苏联发动进攻，阿·托尔斯泰立即创作了历史剧《伊凡雷帝》。他说这部剧是对侮辱祖国的德国人的回答。他把伊凡雷帝这个伟大的俄罗斯灵魂招来，是为了武装自己"愤怒的良知"。通过这句话，人们可见阿·托尔斯泰的"创作动机"。对于剧作家来说，历史就是一种强大的、真实的创作动机，剧作家能够通过创作历史剧让观众感受到深刻的哲学寓意和现代的启蒙含义。对于高校大学生来说，站在当代文化的高度观照历史，用一种现代意识对历史（包括校史）进行艺术过滤，继而创作校史剧，他们的创作动机也是极富现实意义的——这既是展现他们历史文化知识储备的机会，也是检验当代大学生唯物史观的一次大练兵。而对于校史剧的真实性问题，自然是首先需要探讨辨别的。

作为高校思政教育的新策略，校史剧必然要以真实的校史为创作的基本，但是不能忽视的是，校史剧本身也是一种戏剧艺术创作，是取材于生活真实而需要高于真实的。郭沫若曾说："史学家发掘历史的精神，史剧家是发展历史的精神。"历史剧作家在向过去的时代取材时，不应停留在对历史事件和历史人物的一般性叙述层面上，这只是历史编纂家的任务，而应该深刻挖掘历史的底蕴，寻求历史之内核，发展主旨精神中深邃的、不朽的、能够启迪现代人的东西。在观看历史剧时，受众会把历史和现实有意无意地联系在一起，进一步地阐释解读。如果创作者机械地强调历史真实，便会大大降低历史剧文本的寓意性。因此，高校师生创作校史剧可以在尊重重要历史线索的前提下，进行合理有度的虚构，完成符合人物性格和戏剧情境的情节创作。这并不妨碍高校以文化育人的思想政治教育的根本目标，反而更加促进、提高了当今大学生的艺术修养和解读历史的能力。

尽管如今高校校史剧正如火如荼地创作发展，但也不免存在一些共性的问题：

第一，非艺术类院校或没有开设戏剧影视艺术专业的高校因创作经验和创作能力有限，剧本的完成度不高，剧中的人物形象有比较明显的概念化和脸谱化特点，缺乏真实感。

第二，创作思路固化，创新性不足。高校创作校史剧可以跳出既定思维模式，超越以往单纯的现实主义和英雄主义，而增加浪漫主义、怪诞现实主义、后现代主义等西方文艺思潮的表达。这一点可以参见布莱希特创作的《大胆妈妈和她的孩子们》。1939年年底，德国最负盛名的戏剧家布莱希特因战争流亡瑞典，他想要创作一部描写战争和历史的戏剧作品，但是他没有描写正面战场，也没有直观表现血性与死亡暴力，而是通过一个妄图发国难财的女人来斥责战争。同样是痛斥战争给人民带来的巨大灾难，布莱希特并没有塑造一个颇具"英雄色彩"的正面形象对抗战争的残酷。他放弃了细腻丰富的性格描写和心理描写，而有意以更为广阔的社会性凸显"大胆妈妈"不得已大胆的缘由以及她的个性和智慧，发挥了史诗剧宏大有力的情绪渲染，揭露和讽刺了战争对人性造成的畸变，控诉了战争对人类文明进程的阻碍，明确的反战思想彰显了戏剧的道德意义。模仿这样的视角，不失为一个颇具想象力和创新性的创作思路。

第三，校史剧创演团队对宏大历史叙事的舞台驾驭能力还有待加强，对剧场性的理解方式也可以更加多元化。现实主义的还原和浪漫主义的写意应同时充分运用起来，让情感输出方式富于变化，甚至是陌生化。剧场舞台设置如果富有象征意味，就可以通过某种特定的具体形象表现或者暗示某种观念、哲理或情感，甚至可以通过意识流等先锋手段辅助完成戏剧的主旨表达。

高校是文化创造和传播的重镇，青年大学生肩负着讲好中国故事、传承优秀文化、继承民族精神的文化使命。高校师生创作校史剧已经取得了较为丰硕的成果，它的思政教育工作的成绩也逐步显现出来。大学生是文化的传承者、弘扬者，又是文化的创新者和实践者，因此，以文化育人为目标、以创作校史剧为手段进行高校思想政治教育是极富有战略意义的。校史剧作为高校思政教育和文化建设的新内容，具有思想性和艺术性的双重创造价值，是建设学生人文精神、增强文化自信、提高艺术修养的重要实践机会，具有重要的应用和研究价值。

教学实践

川西少数民族多语社区的语言认同与社区语言教学研究*

赵 静 陶雁茹

【提　要】"规范"和"认同"是语言政策与规划的两大核心。随着社会经济的快速发展和双语教育的普及，川西少数民族已基本形成了多语分层使用的言语社区模式。因此，汉语教学与当地多层民族语如何并存，汉语教育如何在地化等是亟待讨论的问题。本文以川西木雅藏族为研究对象，采用问卷调查、半结构式访谈等方法，从语言使用、语言意识和语言态度三个方面考察当地的语言认同状况，在此基础上建构出以语言认同为核心的少数民族多语社区汉语教学模式。

【关键词】语言认同；少数民族；社区语言教学

　　川西少数民族地区主要指四川西南部的甘孜州、阿坝州和凉山州，这里分布着藏族、彝族、羌族等几十个少数民族和族群，语言情况复杂。黄布凡将川西涉藏地区的双语教学形式分为四类：一是各科都使用藏语文教学，此类教学大多位于藏语方言区，包括了甘孜州的部分区县；二是各科都使用汉语文教学，此类教学多用于通行汉语的城镇，也包括不适用藏语的涉藏地区；三是以藏语文教学为主，汉语文单设一科，此类教学模式通行于藏语方言区的部分乡村；四是以汉语文为主，藏语文单设一科。此类教学模式通行于"地脚话"分布区，学生要同时学习两种陌生的语言和文字，难度较大。黄布凡

---

* 本文得到国家社科基金项目"环贡嘎山地区的语言生态与非主流语言教育研究"（19BYY040）资助。

认为如果仅仅是因地制宜、采取多种形式的办学方式不足以把川西涉藏地区的教育发展起来，还应在注重教师教学用语，借用教学辅助工具解决与中学课程的衔接等方面多加考虑。①目前，川西涉藏地区双语教学已基本形成了从小学到大学的藏汉双语教育体系。然而，双语教育仅是针对当地强势语言的语言教育政策，并未将各地"地脚话"等考虑在内，而这些语言基本都是濒危语言。对少数民族双语教育问题的研究仅仅限定在学校教学过程中，只关注课程的设置、教科书的编撰、师资培养等是不够的。费什曼（Fishman）濒危语言"代际传承分级量表"（GIDS）的三、六、七级都是关于个人和家庭的作用，语言的传承与教育往往是社区的作用大于政府的规划。因此，对社区语言教育的形态和功能进行深入研究极有必要。

一、语言认同与社区语言教育

语言存在于社区之中，语言的认同感和归属感是"言语社区"的重要属性。言语社区包括地域、人口、认同、互动和设施等五种要素。其中，语言认同是社区的核心。语言认同感和归属感是言语社区的基础。

社区语言教育指"具有基本语言能力的母语习得者在社区母语的环境下获得、强化与提升语言能力的过程，也就是语言观念萌生、形成和定型的过程"②。社区语言教育作为非主流语言教学，是独立于学校课程的语言推广或培训项目，是在国家公共教育系统外的语言教育和习得活动，多有自发性和不定期性的特点。③社区语言教育不是为了学习而学习，而是务实的语言教育，是维持当前多语社区和谐发展的语言教育。随着当前教育形式的不断变革，校外教育已逐步向社区延伸。"社区教育成为构建终身教育体系、建设学习型社会和促进社会和谐的重要动力，作为新兴的教育形式，促进了教

---

① 黄布凡. 川西藏区的语言关系[J]. 中国藏学，1988（3）：142-150.
② 赵凤珠. 对傣族语言产生影响的诸因素件——以嘎洒镇部分村寨为例[J]. 云南师范大学学报，2010（1）：148-152.
③ 赵守辉. 语言规划国际研究新进展——以非主流语言教学为例[J]. 当代语言学，2008（2）：122-136.

育和社会的结合,显示出了重要而深远的意义。"①

我国大多数儿童都是从小在家庭内部自然习得母语,并在村寨、社区、校园及其他场合使用,从而使语言能力得以提升,并逐渐形成特定的语言意识和语言观念。社区语言教育有利于促进学生语言表达能力和交际能力的提升,对语言的保护和发展具有重要作用。同时,社区语言教育能在一定程度上辅助学校语言教育,弥补课堂语言教育的不足。勒维斯和西蒙斯(Lewis and Simons)指出语言规划在社区中实现,不能忽视对社区语言生态和语言生活的研究。社区语言规划主要解决社区在语言生活、语言传承和语言权利等方面的问题。但目前的语言规划研究更多地停留在国家这个最外层、最大的社区层面,缺少结合言语社区语情的区域研究,一定程度上影响了语言规划的实施、评估和反馈。②社区语言教育应积极利用社区资源,重视语言习得规划,进而促进建构和谐健康的社区语言生态格局。

二、康定甲根坝镇藏族学生语言认同的个案研究

本研究以川西康定甲根坝镇藏族学生的语言认同为切入点,结合甲根坝镇言语社区的特点,分析当地语言认同的现状及其影响因素,探索基于语言认同的社区语言教学规划和教学策略。

黄行指出,使用者的语言认同与其语言特征可能是不一致的,使用相同语言变体的群体不一定就有相同的语言行为和语言态度。在多语社区中研究语言认同需把握不同语言变体的分工和不同层面的使用。③张先亮等认为语言认同是"个人和族群对某一语言变体以及拥有此类语言资源的特定人群的认可、承认的心理及行为的趋同过程和结果"。具体表现为语言能力、语言使用和语言态度三个层面。同时,语言认同也涉及不同层面的认同,包括地域、族群和文化认同等。④本研究从语言使用、语言态度和

---

① 沈光辉. 我国社区教育的发展现状与推进措施研究[J]. 继续教育, 2008 (1): 13-15.
② 陈新仁, 等. 全球化语境下的语言规划与安全研究[M]. 南京: 南京大学出版社, 2015.
③ 黄行. 我国的语言和语言群体[J]. 民族研究, 2002 (1): 59-64.
④ 张先亮. 语言认同: 通往和谐之路[J]. 中国社会科学报, 2011 (15): 14-17.

语言能力三方面来考察语言认同状况。语言使用指使用者的行为选择，即语言的使用范围和频次；语言态度指使用者对语言的情感和功能评价，包括理性态度和情感态度；语言能力指学习者运用语言的能力，即听、说、读、写的能力。

甲根坝镇（2019年朋布西乡与甲根坝乡合并为甲根坝镇，本研究的调查点为原朋布西乡）下辖13个行政村，为木雅藏族聚居地，目前仍使用"地脚话"——木雅语。现有居民约3000人，各年龄段学生约600人，适龄儿童入学率为100%。本研究共发放问卷155份，回收有效问卷146份，问卷有效回收率94%。其中男性70人，占47.9%；女性76人，占52.1%。从受教育程度来看，小学生83人，初中生33人，高中生及以上（包括中专、技校、职高、大专和大学）30人。从家庭背景来看，父母均为藏族的族内婚姻家庭背景的学生有141人；父母有一方为藏族，另一方为汉族的族际婚姻家庭背景的学生有5人。

（一）甲根坝镇藏族学生的语言使用现状

费什曼（Fishman）针对不同场合的语言使用提出了"语域理论"，即多语人会根据情境和活动范围的变化而选择不同的语言变体。本文主要考察与当地学生日常语言使用关系最密切的三个语域——家庭域、生活域和学习域。其中，家庭域主要考察受访学生与父母、兄弟姐妹的语言使用与语码选择情况；生活域主要考察受访学生与本民族熟人、外民族熟人和当地陌生人，以及在集贸市场和医院等场合交流时的语言使用与语码选择情况；学习域主要考察受访学生在学校等学习场合语言使用的情况。

从表1来看，甲根坝镇言语社区中藏族学生的语言使用呈现复杂多样的情况，所有受访学生都可以不同程度地使用两种及以上的语言变体。在语言使用模式上呈现出会兼用不同语言或语言变体完成不同交际行为的情形。表1呈现的语言兼用的组合模式是最常出现的形式。

在多语社区中，甲根坝镇藏族学生会根据不同的场域从自己的语言库中选取适合该场域的语言变体，并与当前交际场合的身份相匹配进行言语交际。如在家庭域，木雅语是最主要的语言变体，使用频率最高，学生的认同感和归属感强。但在家庭域中，兼用康方言、四川话或普通话的情况也开始少量出现，说明家庭交际的语言使用已经开始趋于多元化。在生活域中，木雅语是本民族成员之间最主要的交际语言，情感认同和身份认同明显。而普通话是甲根坝镇藏族学生与外民族成员交际以及在生活域交流的主要语言选择，工具性认同更为凸显。在学习域中，使用木雅语与普通话的学生人数比例相差不大，康方言和四川话的使用占比相对较低。

表 1 甲根坝镇藏族学生语言使用情况（N=146）

语言使用	人数	百分比（%）
木-康-普-川	48	32.9
木-康-普	37	25.3
木-康-川	2	1.4
木-普-川	24	16.4
木-普	25	17.1
木-康	3	2
木-川	2	1.4
康-普	3	2
普-川	2	1.4

不同学段的学生在语言使用方面有较大差异，在家庭域中，小学生使用普通话的比例远高于初中、高中及以上学生，但木雅语使用比例却不及初中、高中及以上学生，且小学生在家庭域中出现了使用普通话单语的情况。在生活域和学习域中，随着受教育程度的提高，使用普通话及双语的比例逐渐增加且趋于稳定。

（二）甲根坝镇藏族学生的语言态度状况

语言态度指语言使用者对某种语言或语言变体的认知评价、情感评价和行为倾向等。语言态度中情感因素的考察侧重于对语言变体的语感评价，即语言变体是否好听、亲切等；对认知因素的考察侧重于对不同语言变体的实用价值和社会地位的评价，即语言变体是否有社会影响和有用，以及使用该语言是否有身份等；而行为倾向侧重于考察有掌握哪些语言的打算和计划。本文运用里克特五度量表对甲根坝镇藏族学生对待国家通用语、本民族语、兼用语等的语言态度进行测量，设置了"非常不""比较不""一般""比较是""非常是"五种不同程度的评价等级。均值越高，则表明学生对该语言的态度越积极；反之，则说明学生对该语言的态度越消极。

1. 语言态度均值

从表2可知，甲根坝镇藏族学生对普通话的语言态度在各个指标均值都最高，评分均在4分以上，说明当地藏族学生对普通话的语言态度评价积极正面，认同度普遍较高。

表2 甲根坝镇藏族学生语言态度均值

	好听	亲切	社会影响	有用	有身份	均值
木雅语	4.15	4.05	3.25	3.89	3.76	3.82
康方言	3.89	3.78	2.56	3.67	3.89	3.56
普通话	4.39	4.1	4.12	4.33	4.25	4.24

2. 情感因素、认知因素和行为倾向现状

由图1可知，当地藏族学生对木雅语和普通话的情感态度均值都大于4分，且普通话分值高于木雅语分值，说明当地学生对普通话在情感方面的认同比木雅语和康方言都要高，分值从高到低排序，"好听"层面的评价为普通话>木雅语>康方言；"亲切"层面的评价依次为普通话>木雅语>康方言。

由图2可知，甲根坝镇藏族学生对普通话的认知态度均值都大于4分，说明当地学生对普通话在社会功能方面的认同度较高。其中，"有用"层面的均值最高，说明当地学生认可普通话有强大的工具功能。"社会影响"层面的评价为普通话>木雅语>康方言；"有用"层面的评价为普通话>木雅语>康方言；"有身份"层面的评价为普通话>康方言>木雅语。

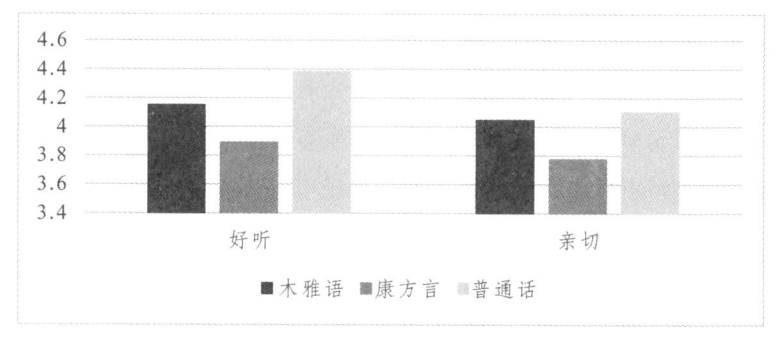

图 1 甲根坝镇藏族学生情感态度均值

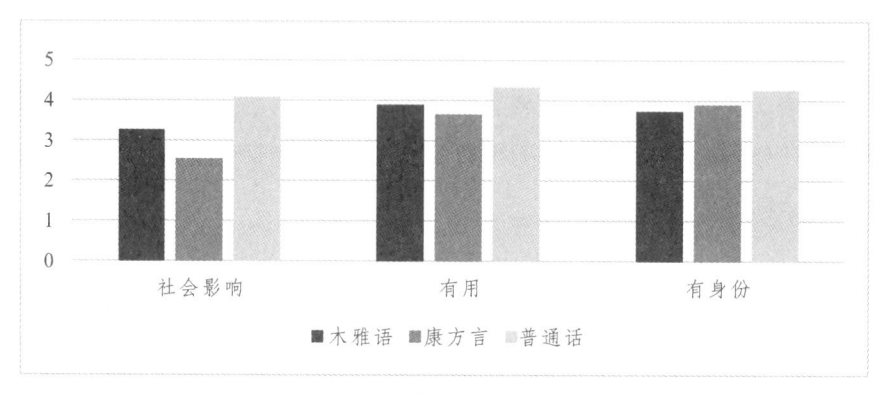

图 2 甲根坝镇藏族学生认知态度均值

由图 3 可知，甲根坝镇藏族学生对自己今后的语言掌握期望呈多样化趋势，包括木雅语、康方言、普通话和四川话以及英语等。其中，91.1%的学生期望今后能掌握普通话，可见大多数学生都认同普通话的重要性。

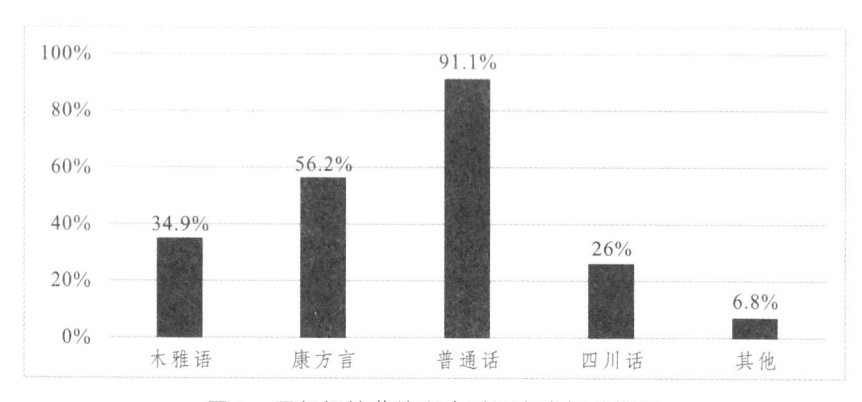

图 3 甲根坝镇藏族学生对语言掌握的期望

（三）甲根坝镇藏族学生的语言能力

在我国专门针对少数民族学生的汉语水平等级考试简称"MHK"，但一般只适用于高考、预科和大学毕业考试的学生，实施起来难度较大，不便于操作，故本文语言能力评估主要采用自评估方式。

1. 语言掌握情况

从图 4 可以看出，当地受访学生全部都是二语能力者，且有 32.9%的学生掌握四种语言变体。根据图 4，可累计计算出掌握各种语言变体的人数百分比，其中，木雅语（96.5%）>普通话（95.1%）>康方言（63.6%）>四川话（53.5%）。掌握木雅语的学生比例最多，其次是普通话。

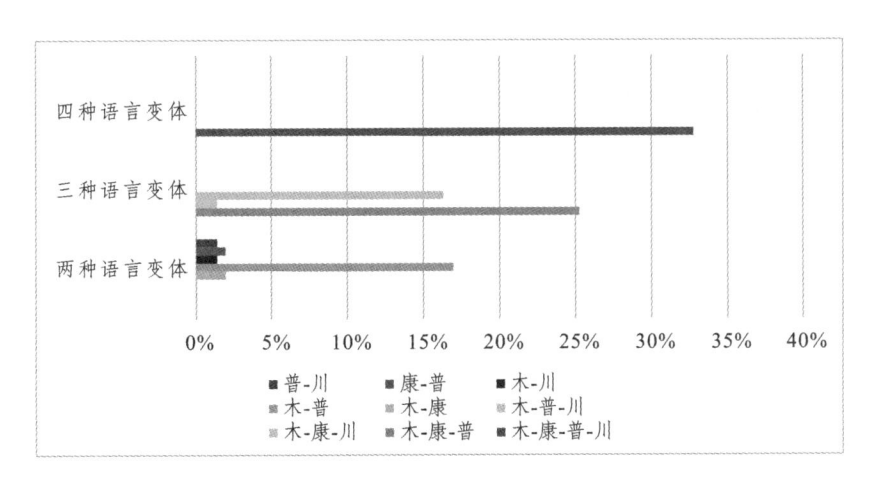

图 4 甲根坝镇藏族学生语言掌握情况

由表 3 可知，木雅语作为大多数被调查学生的母语，受访学生普遍对该语言掌握水平较高，90.4%的受访学生都能流利准确地使用。既听不懂也不会说木雅语的仅占 2.7%，据访谈得知是因为被调查者生活在族际通婚家庭中，因此没有习得木雅语。在普通话掌握程度方面，54.8%的学生能流利准确地使用。康方言和四川话的掌握程度低于木雅语和普通话，整体水平不高。

表3　甲根坝镇藏族学生语言掌握程度（%）

掌握程度	语言种类			
	木雅语	康方言	普通话	四川话
1 能流利准确地使用	90.4	35.6	54.8	28.1
2 能熟练使用但有些音不准	2.7	10.3	25.3	11.6
3 能熟练使用但口音较重	1.4	8.2	7.5	7.5
4 基本能交谈但不太熟练	0	8.9	9.6	18.5
5 能听懂但不太会说	1.4	8.2	0.7	8.9
6 能听懂一些但不会说	1.4	8.2	2.1	12.3
7 听不懂也不会说	2.7	20.5	0	13

从表4可知，甲根坝镇藏族学生读的能力比写的能力更强，90%以上的被调查者都能阅读藏文或汉文，80%以上的被调查者能使用藏文或汉文写文章或其他作品。

表4　甲根坝镇藏族学生文字掌握程度（%）

文字	程度			
	读		写	
	能读书看报	看不懂	能写文章或其他作品	不会写
藏文	91.1%	8.9%	80.1%	19.9%
汉文	94.5%	5.5%	89%	11%

2. 语言习得途径

从表5可知，家庭是甲根坝镇藏族学生习得木雅语的主要途径，占比最大，可见家庭教育仍是母语传承的重要方式；而康方言和普通话则主要通过学校教育习得。

从表6可以看出，甲根坝镇藏族学生的藏文和汉文习得途径都主要是通过学校学习。

表5 甲根坝镇藏族学生语言习得途径

途径	语言							
	木雅语		康方言		普通话		四川话	
	人数	百分比(%)	人数	百分比(%)	人数	百分比(%)	人数	百分比(%)
学校学习	1	0.7	78	53.4	108	74	52	35.6
培训班学习	0	0	1	0.7	1	0.7	0	0
看电视、听广播或上网	1	0.7	18	12.3	20	13.7	22	15.1
家里人影响自然学会	140	95.9	17	11.6	10	6.8	14	9.6
社会交往	0	0	6	4.1	6	4.1	34	23.3
寺庙学习	0	0	2	1.4	1	0.7	0	0
其他	4	2.7	24	16.4	0	0	24	16.4
总计	146	100	146	100	146	100	146	100

表6 甲根坝镇藏族学生文字习得途径

途径	语言			
	藏文		汉文	
	人数	百分比(%)	人数	百分比(%)
学校学习	131	89.7	135	92.5
培训班学习	0	0	0	0
看电视、听广播或上网	3	2.1	10	6.8
家里人影响自然学会	8	5.5	1	0.7
社会交往	2	1.4	0	0
寺庙学校	0	0	0	0
其他	2	1.4	0	0
总计	146	100	146	100

三、康定甲根坝镇言语社区的特点

甲根坝镇言语社区是多层嵌套的言语社区模式，当地学生对不同语言或变体产生不同的认同分层。对木雅语侧重于情感认同和身份认同，对康方言侧重于族群认同，对普通话侧重于工具认同。

在语言使用方面，主要表现为会根据不同的交际场合和交际对象，选用不同的语言或变体进行交流。木雅语在家庭域交际中占据了绝对位置，凸显了对木雅语的族群身份认同。在生活域，大量出现使用双语或多语模式，主要表现为"木-普""木-康""木-康-普""木-普-川""木-康-川-普"等几种组合模式，当地学生会根据交际场合和交际对象进行语码转换，以顺应交际的需要。语言态度方面，甲根坝镇藏族学生对普通话的情感评价和社会功能评价都很高，评分高于木雅语和康方言，表现为积极正面的语言态度。木雅语作为大多数学生的母语，在"好听"和"亲切"方面分数较高，仍是情感认同的重要体现。康方言在"好听"和"有身份"方面评分较高，其中"有身份"一项评分高于木雅语，表明当地人呈现出多重身份认同，即康方言更能体现他们的藏族人身份，而木雅语体现其木雅人身份。语言能力方面，甲根坝镇藏族学生均已掌握两种及以上的语言或语言变体，具备多语多言能力，且大多具备汉藏文字能力，能运用藏文和汉文读书看报和写文章，但在流利和熟练程度方面有一定的差异。

从历时层面上看，当地学生的语言使用呈现出语言"回归现象"。根据各年龄段的对比研究，低年级学生对普通话的认同高于高年级学生，而高年级学生对康方言的认同却高于低年级学生。可见，儿童成长为青年的过程也是自我意识和语言认同不断强化的过程，随着学生年龄的增长和受教育程度的提高，学生的语言使用会逐渐过渡到使用本地语言，并接近上一辈的语言使用情况。"现在大部分小学生的普通话都非常标准，有人因此担心方言会随着普通话的推广而消失。然而在现实生活中，很多青少年的方言传承在初中和高中阶段反而好转，呈现方言回归现象。"[1]

---

[1] 方小兵. 当前语言认同研究的四大转变[J]. 语言战略研究，2018（3）：22-32.

四、基于语言认同的社区语言教育

社区为语言发展提供了多样的语言环境，为语言传承提供了有效的载体，在语言规划中具有不可取代的作用。一方面，多语多言的社区环境为学习者创造了不同的交际情境，通过不同的语言使用或兼用，可以提升学习者语言能力。另一方面，语言始终处于社区互动中，并在社区交往中不断变化发展。因此，"相较于政府有目的并受意识形态驱动而制定的语言政策，社区语言规划的力量有时更为强大和持久"[①]。

社区语言教育的特点之一是"沉浸式"，以浸没式的方式渗透到学习者的生活当中，并对其语言态度、行为倾向产生影响。在日常生活中，进行潜移默化的语言教育。二是"生活化"，生活既是语言学习的教材，又是语言学习的内容，生活环境是传授语言最好的学校。在社区语言教育中，儿童的语言学习是从小与家人一同劳动、互动中习得的。三是"灵活性"，在社区语言教学中，教学形式、时间和场所是灵活多样的。可在社区的活动室、图书室等场所，也可在田间地头，结合当地风土人情和本土特色开展社区教育活动。在少数民族地区，学校和社区是学生语言发展和学习的主要场所，当学校和社区的语言教育目标一致时，就能使学生在校园里建构的知识与社会生活中的"共识"相适应[②]，双语教育的质量和教学效果才能得到提升。因此，在利用现有的学校教育资源的前提下，充分发掘社区教育资源，形成学校、社区的教育合力，才能更好地培养"民汉兼通"的人才。

"认同可通过语言来建构，它可以体现在日常生活中，也可以体现在语言教育里。"[③]由于历史、宗教和环境等多重因素的影响，当地学生理解汉语及其背后文化传统不如汉族学生深入。大多数学生学习普通话出于工具性动机，多是为了升学、就业等需求，对普通话所承载的文化内涵方面的认同度较低。因此，社区语言教育还应重点增强其对国家通用语所承载的文化的认

[①] 方小兵. 从家庭语言规划到社区语言规划[J]. 云南师范大学学报，2018（6）：17-24.
[②] 白杨，巴登尼玛. 学校与社区互动要素探究——基于四川藏区学校与社区互动的考察分析[J]. 民族教育研究，2012（6）：58-62.
[③] 郭熙. 语言认同[J]. 语言战略研究，2018（3）：9.

同，不应只是把教授语言本体知识当作教学目标，更重要的是通过语言教学实现文化认同功能，并进一步提高学习者的国家认同。国内学校双语教育具有程式化和应试性特点，以提升学生的母语能力，使二语能被准确熟练使用为目的，注重培养使用语言的技巧，重在语文教学。而社区汉语教育则应在关注语言工具功能的同时，更多关注语言的文化功能，培养学生对多元文化的见解和观点，以文化认同促进语言发展。

在教学策略上，教学内容的呈现对学习者语言认同的发展影响深远，只有当学生认为教学内容能够激发起兴趣，引起共鸣时，才能保持良好的学习兴趣。调查研究表明，若学生学习的内容跟自己熟知的文化生活没有相似性，就无法构建认同。若教学中体现的价值观与学生的价值观处于对立状态，学生就易产生疏远的情绪，甚至拒绝继续学习。因此，在社区汉语教学中，应了解掌握当地的语言生态、风俗传统和民族文化，把汉语教学与地方性知识联系起来，探究对本地社区至关重要的语言生活议题，如语言文字使用、语言生活、家族迁移史、语言生态问题等，运用书写、口述、视频、图片等多模态表现形式教学，并可以根据个体差异、言语社区特点等因素不断调整教学模式。在此过程中，语言教学不是简单的符号学习，还包括身份、社会关系的协商建构等，从而在学习中逐步培养学习者身份认同、文化认同的能力，促进并最终实现国家认同。

在中文专业进行杜甫诗歌经典阅读的
实践与思考

罗 宁　吴龙鑫

【提　要】为提高学生对经典作品的感悟与解读能力，西南交通大学汉语言文学专业设计了"经典阅读实践"方案，杜诗阅读是其中的一个重要内容。杜诗经典阅读通过对杜诗作分时、分体的学习，要求学生完成背诵、讲解、汇报、阅读研究专著、撰写读书笔记和个人阅读报告等任务，纠正中小学古典诗词教育中不注重字句讲解，不注重典故、词藻、对偶等古典诗歌要素的讲解和学习，分体意识不强等造成的刻板印象与古诗阅读、解读能力不足的问题。杜诗经典阅读在具体实践中已经取得良好效果，参与学生普遍反映对杜甫其人其诗的认识有所改观，也初步学会了阅读古典诗歌的方法。

【关键词】汉语言文学；经典阅读；杜甫诗歌；古典诗词

　　汉语言文学专业（中文专业）是中国高校中常见的本科专业，它以汉语和文学的知识及理论为主要学习内容，要求学生深入系统地掌握中国语言文学的基本知识，具备较强的文学感悟能力和文学经典的解读能力。因此，经典阅读对于中文专业的学生来说可谓一项基本的学习任务。从全国各高校的情况来看，在中文专业学生的培养过程中，普遍有阅读经典作品的要求，很多学校中文系为学生开出了建议阅读书目或必读书目。现在可以知道的较早的一份书单是20世纪40年代汪辟疆写的《读书说示中文系诸生》，开列了10种必读书目，有《说文解字》《毛诗正义》《礼记正义》《荀子》《庄子》《汉书》《资治通鉴》《楚辞》《文选》《杜诗》，称其为"治文学必读之书也"，对各书的情况和学习方法有详细的解说。[①]80年代以来不少高校中文系推出各种书目，供本系（专业）学生学习使用。1998年高等学校中文学科教学指导委员会制定了一种"高等学校中文系本科生专业阅读书目"，后经三次修订，2001年以教育部高教司的名义发布了"关于转发《高等学校中文系本科生专业阅读书目》的通知"。这个书目共包含100部书籍，其中语言学类15种，文艺学类11种，中国古典文学类31种，中国现当代文学类21种，外国文学类22种。[②]这个书目以及其他各校各类型的书目，对于中文专业学生阅读文学经典起到了很好的指导作用。

然而，各种中文专业的经典阅读项目一般不具有强制性，也缺少必要的阅读指导，一些高校为了更好地指导和督促学生学习和阅读经典，开设了不少专书导读（精读）的选修课或必选课，如北京大学曾开设"论语导读""孟子导读"等课程，清华大学曾开设"《诗经》导读""《史记》研究"等课程，武汉大学曾开设"《诗》《骚》精读""《左传》精读""《庄子》精读""韩愈柳宗元散文精读""杜甫诗歌精读""苏轼辛弃疾词精读"等课程。此外，一些学校还通过"古代文学名著导读"（或"古代文学专书研究"）、"文艺理论名著导读"（或"文艺理论名著专书研究"）等课程，对一些经典作品进行详细深入的讲授和学习。这些课程对于中文专业学生深入学习十分必要。

西南交通大学自2019级开始在汉语言文学专业的本科培养方案中设置经典阅读，称为"经典阅读实践"，属于该专业的实习实践教学内容。"经典阅读实践"共计6学分，分3个模块，分别是必选阅读A（文学类为主）、必选阅读B（文艺学和语言学）和自选阅读，完成每个板块的阅读学习可获得2个学分。阅读作品一共有38部，文学类书籍一般以文学家的作品集为

---

① 汪辟疆. 读书说示中文系诸生[M]// 汪辟疆文集. 上海：上海古籍出版社，1988.
② 教育部高等学校中文学科教学指导委员会. 中文专业本科生百部阅读书目导读[M]. 北京：高等教育出版社，2003.

名，如《诗经注析》《楚辞今注》《李白集校注》《李商隐诗歌集解》《苏轼全集校注》《鲁迅全集》《汪曾祺全集》等。学生在四学年内必须完成至少 12 部经典著作的阅读，其中 4 部来自必选阅读 A，4 部来自 B，其余 4 部任选。概括来说，学生必须在 38 部书中选取至少 12 部，在老师指导下完成阅读学习，获得合格及以上的考核成绩。西南交通大学中文专业的课程设置中没有单独的经典学习或专书导读课，这个"经典阅读实践"的方案就是为提高学生的阅读能力乃至思维和写作能力而设计的，给学生提供了更多经典选择和学期学业的自主安排，到目前为止取得了一些效果。本文以杜甫诗歌（以下有时简称杜诗）的经典阅读为例，介绍和回顾该阅读课的安排和实行情况，初步探讨西南交通大学中文专业经典阅读的经验和得失。

一、杜诗经典阅读的实行方案

西南交通大学中文系的 38 部经典阅读实践课由指导老师（团队）分别制定具体的阅读方案以及考核要求。杜甫诗歌阅读的方案是以杨伦《杜诗镜铨》（上海古籍出版社）为主要书目，完成以下的学习内容：① 学习杜诗 100 首（不包括小学、中学所学的杜诗），阅读陈贻焮《杜甫评传》和莫砺锋《杜甫诗歌讲演录》，撰写 3 篇学习笔记，每篇笔记不少于 1000 字；② 参考萧涤非《杜甫全集校注》（人民文学出版社）的注释和评论，通过细读 100 首作品，领悟杜甫以及古典诗歌的诗艺；③ 背诵并能讲解百首杜诗中的 50 首（包括写作时间和背景、诗旨、句意、典故等）。最后的考核内容和要求：① 作一次 15 分钟的学习汇报；② 在 50 首诗中抽背数首，然后进行详细的翻译和讲解；③ 撰写一篇不少于 3000 字的学习感悟。

在杜甫诗歌篇目的选取上，我们共选取杜甫五七言绝句 10 首（《江畔独步寻花》等），五律 35 首（《登兖州城楼》等）、七律 35 首（《秋兴八首》等）、五七言古诗 20 首（《同诸公登慈恩寺塔》等）。这些篇目涵盖了杜甫在早年、旅食京华、安史之乱、漂泊西南和湖湘等各个时期的代表作品，我们也考虑了杜甫各体诗歌的代表性、经典性以及本科生学习的难易程度，并且避开学生在中小学时期已经学过的作品（但在学习中会时常复习和联系那些作品）。从这 100 首诗中，又选出 50 首作为背诵篇目（主要是绝句和律诗），要求学生全面理解，达到能够背诵以及自如翻译和讲解的地步。除 2 部作品集(《杜诗镜铨》《杜甫全集校注》)和 2 部研究专著(《杜甫评传》《杜甫诗歌讲演录》)外，我们会提供和指引一些扩展阅读书籍，如莫砺锋《杜甫评传》、叶嘉莹《说杜甫诗》等，以及一些网络学习资源和数据库，如莫砺锋关于杜甫的系列专题讲座、四川大学的慕课"走近杜甫"、读秀和中华基本古籍库等。这样学生一方面在自学和预习时可以有所参考，一方面也由此熟悉了一些网络资源和学习工具，锻炼了学生查找检索知识信息以及专业工具书的能力。

至于具体的学习和阅读安排，经过两轮杜诗阅读的实践，我们初步形成了如下模式和流程：

在一个学期中，每两周一次在固定的时间和地点举行杜诗读书会，每次约 2.5～3 小时，一共举行 7 次。

第 1 次读书会，由教师略讲课程的设计和要求，杜诗的基本情况和阅读书目、参考书目。教师讲解中学已背诵熟知的杜诗，示范读诗的方法。

第 2 至第 6 次读书会，按杜甫诗歌写作的时间顺序学习具体作品（结合七绝、七律、五律、五古、七古的分体学习）。学生按学号顺序来背诵和讲解上次读书会布置的 5～10 首诗歌，每人讲完一首诗后其他同学做纠正和补充，最后教师进行纠正和补充。

第 7 次读书会为考试（考核），包括汇报，抽背诗歌和讲解。抽背诗歌和讲解也可以在平时读书会中完成。

书面作业为三篇读书笔记和结课的一篇学习笔记，在整个读书会期间（大约 14 周）完成。

就根本上来说，我们的学习是以文本细读为主，强调古诗词由形式带来的意义与美感，注重对偶、典故、词藻、字法、句法、章法等要素和技巧，通过同体、同题诗（会涉及其他诗人作品）的对比学习，感受诗艺和诗法的差异变化，同时结合杜甫的经历际遇来体会他在诗中表现出的人生和心态，与之共情。我们会通过溯源考察典故词藻的出处和历代运用，分析杜甫运用典故词藻的艺术，会通过分析对偶和各联关系来认识一首律诗的结构章法，会借助前人评论和集体讨论来深化对杜诗的理解。

从具体学习效果来看，学生对于杜诗学习是投入的，也是卓有成效的。每次读书会上学生都展示出他们预习和细读作品的成果，大概可分为三个方面，一是对字词含义、典故出处、语义内涵的理解把握，二是对作品的整体把握，即诗歌的句法、章法与整体效果；三是学生的自由发挥，由学生自由谈论其在诗歌中得到的感动和启发。除此之外，学生对于未能清晰理解的字句或诗意，可以提出自己的疑问，并与其他同学共同讨论。如某位同学在讲到"池水观为政，厨烟觉远庖"《题新津北桥楼（得郊字）》时提出两个问题：如果这里是实景的话，那么此时杜甫等人和池水以及厨房的方位如何？池水和厨房分别在北桥楼下还是楼上？如果不是实景，那杜甫为什么在诗中要写到这些？针对这一问题，其他同学形成了不同观点，有同学认为这首诗本来就是应酬性质的，此处出句正好用《艺文类聚》所载《顾子》的典故说明水有四德，而当地官员也有这四种德行；对句则用《孟子》的典故赞扬当地官员"君子远庖厨""见其生不忍见其死"的德行，也许确实有池水和厨烟，但归根到底仍是应酬性质的诗句。有同学则坚定地认为此处是实景，因为此诗其他三联都在写实景，没道理这一联突然开始歌功颂德，并为大家演示这些建筑之间的方位关系。最后老师对同学们的细致解读以及由此带来的思考和讨论表示赞赏，鼓励同学们在学习中培养这样的细读和深思的习惯，多参考前人的论述，并在读书会时与同学、老师展开讨论。

二、中小学古典诗歌教育的问题和杜诗经典阅读的目标

掌握100首杜诗、背诵和理解50首杜诗只是杜诗经典阅读课（读书会）的基本要求，是课程的直接学习内容和考核内容，但在此之上，杜诗学习的

真正目标和更高追求是培养正确的古典诗歌阅读和欣赏方法，纠正对古代诗歌和诗人的片面认识和刻板印象。实际上，必须将这两个目标贯穿于整个阅读和学习过程之中，才能真正懂得杜诗以及古典诗歌。

培养正确的古典诗歌阅读和欣赏方法，是当前汉语言文学专业学生亟须解决的问题。古典诗歌可以说是古典文学、传统文化中的精华之一，但由于其本身的历史性、知识性以及今人对古典文学和文化的陌生，加上大学前一些不当的古典诗词学习方法，致使中文专业的学生也极少能够触摸到古典诗词的门径。

当前中小学的古典诗歌（也包括词曲等）教育，主要有以下三方面的欠缺：

第一，对字句的讲解不够全面，不够准确，习惯先确定作品的中心思想或内容大意，然后根据对全诗大意的理解，要求学生分析诗中的情感和艺术特色。由于学生并不明白全诗的字句和结构，不知道诗人如何围绕题目写成一首诗，不注意其主旨和立意，各句各联与整体的关系，结构和章法的设置，只能使用相对固定的话语来解诗答题。如用虚实结合、动静结合、情景交融、情深意切、生动形象等词来分析诗歌艺术，用清新自然、朴实无华、委婉含蓄、雄浑豪放等词来概括风格或语言特色[1]。而这些话语无法落实到具体的诗句中，基本上都是学生的模糊且常常是错误的感觉。有的教育虽然会强调"炼字"，要求赏析重点诗句，但不是在全诗的整体和逐句的理解中去分析，而是较为笼统的分析，比如说诗人使用了拟人之类的手法，其某一句生动形象，某字精神传神，表达了某种感情云云。刘禹锡《酬乐天扬州初逢席上见赠》中的名句"沉舟侧畔千帆过，病树前头万木春"，便在这种重点关注和错误理解下，解释成了诗人虽经困苦失意但不意志消沉，而以乐观豁达的心态泰然处之，并将这一句的错误理解套到全篇上去，作为整首诗的思想感情

---

[1] 目前在中小学古典诗词教育，没有较为细致和具体的诗歌学习方法指导，《普通高中语文课程标准（实验）》关于诵读篇目的建议中，对于唐诗选读提供的指导是："在整体感知的基础上，学习从创意和构思、意境和意象、语言技巧等方面对唐诗作品进行赏析，感悟作品的艺术魅力，获得丰富的审美感受。"大多数的学校和教师缺少由字句到章法、由典故词藻到对偶声律的讲授学习，大量内容是较为浮泛的艺术手法、情感思想、审美感受之类的概括。

基础反推其他句子，最后造成全诗理解的混乱而不自觉①。又比如中小学诗歌教育中常讲情景交融，实际上很多学生并不能体会到什么样的诗才是真正的情景交融，写景写情对一首诗意味着什么？在一首律诗中，哪些句子是在写景或写情，写景句和写情句如何安排更好？除了情和景，诗歌还可以写什么？这些问题都是教育中较少涉及和思考的，学生也就不可能真正理解情景交融。

第二，对典故、词藻、对偶等古典诗歌要素的重视程度不够。典故、词藻是古典诗歌写作的语言要素，不懂得典故知识、词藻及其文学传统，不懂得它们如何在以往的诗歌中以及如何在当前的诗歌中的运用，就不能深刻地理解诗人的匠心独运。中小学教育中对于典故的学习，主要是对典故内容的了解，而并不关心典故的来源与意义生成，学生对于典故的意义、用法、好处未曾领会，反而将典故视为一种无聊的死知识，一种学诗时遇到的讨厌的障碍物。实际上，古典诗歌的韵味的很大一部分就是从典故、词藻中来的，可以说无"古典"，也就无"古典诗歌"。至于对偶，则是运用这些典故和词藻的最重要的方法，在律诗中一联好的对偶句有时可以决定整首诗的高度，甚至影响到全诗在后来流行与否的命运。而在目前的中小学教育中，对偶仅是众多修辞手法或写法中的一类，与排比、衬托、双关、比喻、象征、拟人等并列，并且差不多是最少被提及的。教师很少根据古典诗歌的特性，向学生强调对偶的重要性，提示学生诗歌中对偶艺术的高超和巧妙，以至于很多学生不能深刻理解对偶是律诗的基本要求。此外，押韵也是简单提及，部分学生对押韵的基本规则（逐句押韵还是隔句押韵）以及转韵等现象，没有深

---

① 刘禹锡的此诗和此联，卞孝萱、黄清泉主编《中国古代文学作品选》说得准确，"曲折表达了诗人遭受政敌打击，长期远贬异地的愤慨不平心情"（见卞孝萱、黄清泉《中国古代文学作品选·隋唐五代宋金元卷》，武汉：华中师范大学出版社，1999年，第125页）。卞孝萱（和卞岐）在《历代名篇赏析集成》中说，"这一联本是刘禹锡感叹身世的愤激之语"，"诗人的愤激之情达到了顶点"，均属准确无误的解说，但后面又说尾联"表现了诗人意志不衰，坚韧不拔的气概"，全诗"愤激而不浅露，感慨而不低沉，惆怅而不颓废，堪称刘禹锡的代表作品。刘禹锡在这首诗中所表现的身经危难，百折不回的坚强毅力，给后人以莫大的启迪和鼓舞"，则阐释有些过度（见袁行霈《历代名篇赏析集成·上》，北京：中国文联出版社，1988年）。

刻了解。虽然中小学诗词教育中可以不要求了解掌握平水韵以及平仄律，但对于在何处押韵和对仗的基本规则，诗歌的对偶艺术，是应该有所学习的。

第三，对诗体、诗歌的时代和流派风格讲解不够深入。中小学的诗歌学习，对于五绝、七绝、五律、七律、五古、七古之分别，理解较为简单，学生没能意识到这些诗体的不同，对诗歌写作提出了不同的要求，会形成不同的写法和不同的风格。如古人说："五言古诗，或兴起，或比起，或赋起。须要寓意深远，托词温厚，反覆优游，雍容不迫。""绝句之法，要婉曲回环，删芜就简，句绝而意不绝。"①"七言律诗务在雄浑富丽之中有清沉微宛之态，故明白条畅而不疏浅，优游含咏而不轻浮。"②至于诗歌的时代和风格，如古诗十九首时代的诗歌，陶渊明（时代）的诗歌，唐诗，宋诗，都有很大的差异，但现在的中小学诗歌教学中较少强调这一点，重点在具体诗人之个性风格，失却了对历史背景与文学发展规律的认识，以至于学生对诗歌的时代性缺少感知。学生在面对一首诗歌时，很少区分它是古诗还是近体，是古诗、绝句还是律诗，很少从唐诗、宋诗的差异性去看待和理解它，从时代风气和诗人际遇去理解它。

中小学的古典诗歌教育除了学习和解读诗歌的方法有待提高外，对于诗人的理解也存在标签化，有些理解甚至是有极大的偏差的。学生在分析诗人和他们的诗歌时，动辄称颂诗中的爱国主义，或者说诗人关心人民疾苦，把丰富和精巧的诗词简单化，事实上消解了诗词的美感和价值，也让学生对古诗词产生误解，难以领悟古诗词之美。在这里面，杜甫可以说是被误解最深的例子。杜甫的老病穷愁、忧国忧民、爱国主义，成了一种标签和解读模板，随时会被学生用来分析任何一首杜甫的作品。在中小学的诗歌教育中，学生经常会接受到很多的刻板印象，谈到李白就是豪放飘逸，谈到杜甫就是沉郁顿挫，谈到苏轼就是乐观旷达，不仅对于诗人及诗作的丰富性没有充分的认识，对这四字词语的具体内涵，其指涉的范围、成立的条件也不甚明了。古代伟大诗人在其作品中表现出来的丰富性，以及诗中那些人性的真实，人生

---

① 杨载. 诗法家数[M]// 历代诗话. 北京：中华书局，1980.
② 杨士弘编选，张震辑注，顾璘评点. 唐音评注[M]. 石家庄：河北大学出版社，2006.

的感慨，深厚的感情，幽微的意绪，高超的技艺等，都被简单的标签遮盖了。

以上所说的发生在中小学古典诗歌教育中的弊端和刻板印象（也发生于词、曲、文言文的教育中），同时也存在于普通人当中。因此，我们希望的杜诗经典阅读，同时要达到两个目标，即通过培养正确的古典诗词阅读和欣赏方法，逐渐真正领悟和理解诗歌，因此而改变对古代诗歌和诗人的片面认识、刻板印象。杜甫诗歌是古典诗歌中的高峰，拥有最丰富的情意和复杂的表达，数量巨大的典故、辞藻以及它们的巧妙运用，精巧的字法句法，高超的对偶技巧，同时杜甫又是古代诗人中被当代简单化而误解最大的诗人；杜诗经典阅读恰好能够在这两方面同时收到一种期望的效果。要真正理解杜甫就必须学会读诗，学会了读诗，也就会理解杜甫，也就能够真正进入古典诗词的世界之中。

三、杜诗经典阅读实践中的经验和反馈

鉴于上节所论当前学生不重视典故、词藻的问题，我们推荐学生使用搜韵网站的典故词汇功能，初步地了解典故和词藻的来源，查看某一典故在诗歌中的不同表达形式（文字组合不同），同时通过该网站的诗词搜索功能，让学生了解在历时性的众多诗歌中，典故、词藻是如何运用的，意义是如何演变的，典故的表达形式的差异在诗歌写作中是如何形成的，为何如此，有何巧妙之处，等等。与此同时，要求学生尽量记忆和积累一些典故、词藻，加上中小学所学的作品和本课程的100首作品，可以初步编织和组建一个个人化的典故、词藻库。这样便于将来阅读的方便，也便于在比较中掌握一首诗歌的真正句意和特点。比如讲到杜甫《秋兴八首》的"奉使虚随八月槎"时，老师带领学生了解乘槎（楂）至天河见牵牛人以及到成都访严君平的故事，然后举宋之问《明河篇》的使用，"明河可望不可亲，愿得乘槎一问津。更将织女支机石，还访成都卖卜人"，指出其用此结尾来表达自己欲接近高层的愿望，而杜甫用此虽也是说回朝入职，但情绪完全不一样，在具体的诗句中表达也字句也不一样，再配合上联的"听猿实下三声泪"、全诗以及整

个八首组诗的意境,可以感受到杜甫沉郁的心境和高超的技巧。又如讲杜甫《公安送李二十九弟晋肃入蜀余下沔鄂》的尾句,"凭将百钱卜,飘泊问君平",用到了君平卖卜的典故,在带领学生看完《汉书》所载严君平故事之后,取李白《送友人》的尾句"升沉应已定,不必问君平"作比较,这样既可以通过重复而牢记典故,而且在比较中看出典故在各首诗中使用之不同,由此领悟作者的用典技巧。

鉴于学生喜欢使用爱国主义、现实主义等标签来理解杜甫,老师引导学生理解古人的爱国,既不是针对一家一姓的朝代,更不是将爱国简单化为一个人对一个抽象名词的某种态度,而应该放置在古代社会的文化体系之中,认识到国家或家国已经熔铸在这些文人的精神血脉之中,成为一种精神依托和价值旨归。如此也才可以更加深刻地理解许多诗人为何有对君主的依恋之情(而不是简单地贴一个"忠君"的标签)。而这种类似的情感,也发生在李商隐对令狐绹那里,正如缪钺所说,二人"不即不离之关系,复杂难明之隐情,使义山深感痛苦,……深怨沉忧,如茧自缚,牢固而不可解,愈望之而愈怨,愈怨之而又愈不忍舍去"①。这样一种人际情感,并非古人所特有,古人将君臣关系和夫妇关系进行类比,确实有其心理学的根据。

对于杜甫等诗人的忧愁郁思,现在的学生很少能从其诗和精神中得到共振共鸣,要改变这一点,首先要让学生从"人同此心,心同此理"的角度出发,去"同情地理解"古人的精神世界和人生追求,进一步启发学生将杜甫(古人)的人生和当今每个人的现实人生相联系和类比:他年轻时的"自谓颇挺出,立登要路津"(《奉赠韦左丞丈二十二韵》),不就是我们的年少轻狂和自以为是吗?在长安困顿的十年,"残杯与冷炙,到处潜悲辛"(《奉赠韦左丞丈二十二韵》),不是很像我们现在的京漂、沪漂吗?他在曲江边唱着"纵饮久判人共弃,懒朝真与世相违"(《曲江二首》),不就是感慨自己与周围人格格不入的社恐和职场倦怠吗?他在夔州所写的《秋兴八首》,不就是对自己的少年志意、故乡、事业,对那些闪烁在过往人生中的光荣、美好,对那

---

① 缪钺. 论李义山诗[M]//. 诗词散论. 西安:陕西师范大学出版社,2008.

些每当想起总要回首慨叹的人生的怀念吗？甚至其中透露出的对朝廷的眷恋也不难理解。他晚年废弃老病，却又不甘心就此作罢，"勋业频看镜，行藏独倚楼"（《江上》），辗转反侧，来回挣扎，不也像我们现代人对于人生前途的迷茫与徘徊吗？哈姆雷特追问，"生存还是毁灭，这是一个值得思考的问题"，而我们要如何对待自己的人生，奋进还是躺平？这同样也是一个值得思考的问题。只有将杜甫看成一个活生生的人，与我们血肉相连的、精神相通的人，我们才能够更好地走进他的诗歌世界和心灵世界。这样，原来忧国忧民、衰病愁苦的杜甫形象也会得到部分的纠正或补充，形象更加丰满，学生因此也能真正地感受杜甫那颗伟大的心灵。

在目前的两轮杜甫诗歌经典阅读中，学生整体上表现很好，课前预习和课中讲解、讨论，都十分投入。至于他们的收获与进步，下面简略引述几位同学的反馈：

  学生 A 表示对怎么去理解和鉴赏诗歌有了新的认识，要把诗歌的内部结构和诗句的语言表达技巧相结合；通过参考前人注释尤其是评论，全面细致地理解一词一句（包括典故），直至全诗。

  学生 B 表示终于能够较为完整地理解杜甫，从他的年轻到中年到老年的经历和心理，感受他一脉贯通的创作热情，强烈的情感和伟大的人格；体会到前辈学者读杜的细致入微，学习他们认真治学、不放过一字一句的态度。

  学生 C 表示课程打破了高中学诗的思路和习惯，改变了对杜甫的印象。对杜甫的经历、性格、志向以及诗歌有了较为全面的认识，在借助相关资料的基础上，认识到杜甫在诗歌创新方面的贡献，也看到他对前代诗赋的借鉴和融汇。

  学生 D 表示认识到杜甫诗歌对其先祖杜审言的学习，在阅读《杜甫评传》和《杜甫全集校注》的过程中廓清了之前的一些认识迷误，从一首诗的理解与鉴赏，到杜甫本人生平经历，都补充学习了更多相关知识，开始懂得要将古代诗歌的文本（包括其中的事实、情感、志意等）和自己的感性体悟相结合，进步很大。

  学生 E 表示自己真正开始认识到杜甫的诗艺和人格，开始能够体会到杜甫与其他唐代诗人在语言、技巧、风格上的差异，也注意到诗体之间的差异。

  学生 F 表示学会了根据诗歌原文和包括注释、评论在内相关研究材料，对杜甫的某一首诗歌和某一阶段的心态做出探究，初步具备了研究意识。

从学生反馈可以看出，杜诗的经典阅读目前确实取得了良好效果，参与学生普遍反映改变了对杜甫及其诗歌的印象，初步学会了阅读古典诗歌的方法，认识到典故、辞藻、对偶、声律四要素的重要性，关注到诗歌的题目、主题、诗体、字法、句法等问题。

由于杜甫诗歌数量众多，而且诗艺极高，要真正全面理解杜诗，形成自如而深入地理解诗歌作品的能力，一学期六七次的学习频率，远不足以完成这项任务。正因为如此，这项课程也对老师和学生提出了更高的要求。老师在杜诗选篇和重点讲授上必须有所考虑，除了诗歌的代表性、经典性以及呈现其生命各时代的特点外（很多选本都会以这些为主要选取标准），还要考虑两点，一是作品需由浅入深，以便学生感受到诗歌不同的表现形式（技巧）和达到的境界，有时可将中小学所学的作品作为理解新作品的出发点和关联点；二是作品之间的联系性。有的作品在主题、典故、词藻等细节方面具有同一性或相似性，可以在学习时比较和讨论其发挥的作用，在表现形式和蕴含情意上的差别等。诗人某种境遇、心态、情感、思想，可能在多篇作品中有所表现，应选多篇以作比较。这样选取作品是为了比较的方便，而只有比较才能真正体会到诗人写作的用心和用意，看出诗人的匠心所在。对老师而言，还要考虑每次课程的主要话题，如关于某一诗体、某一时段的心态、对偶技巧等，同时要善于引导，及时将现场讨论进行总结和延伸，不能将讨论蔓延到无边无际的闲谈，也不能挫伤学生的表达欲望，尤其是当他有充分预习而在讲解、讨论中有切身感触和新想法的时候。对学生而言，需要有较多的课前预习和课外阅读（包括背诵诗歌），关于杜甫的生平经历和一般性的历史背景知识应由自学获得（以陈贻焮《杜甫评传》为主），百首杜诗中的一些作品也无法全部在课堂上学习，因此需要花费较多的时间和精力，并提高个人的学习能力和效率。最后不得不指出的是，在这样的经典阅读中，老师学生在精力和时间上的投入，相对于教师获得的工作量计分、学生得到的学分（0.5）是完全不成正比的。然而，不计较现实功利和得失的阅读和学习，本身就是古典文学和传统文化的内容，也许这也是文学经典阅读实践课要达到的另一个效果吧。

总之，经典阅读是中文专业学习的重要内容，阅读和学习经典作品既是专业学习的必需和必然，也是对专业能力的考验和提高，而杜甫诗歌又是文学经典中的皇冠，值得每一个中文专业的学生去了解和感悟。西南交通大学的杜诗经典阅读应该持续下去，让更多的学生真正懂得杜甫诗歌和古典诗歌。

新诗写作教学札记

周东升

一

教了十多年的新诗写作（写作课的一部分），我一直面临这样的困惑：教什么和怎么教。这两个问题本质上是一个问题，它们如影随形地纠缠着我，令我力不从心。我呢，不停地回答它们，不停地变换着教学的内容和方法，直到今天，也没发现有什么值得宣之于众的经验。

教什么，从来不是教科书写得那么容易，特别是新诗写作。今天的新诗是多元化的，任何一种风格都没有理由独占鳌头，学生也追求个性，有权写任何一种类型的诗。因此，在有限的课堂时间里，教什么就成了一个大难题。各种写作教科书，涉及诗歌写作，通常会忽略多元路径之间的差异，忽略学生的个性，以为诗歌写作有一个普遍的经验可以传授（那不过是一个自以为是的幻觉）。对此，当下的写作可以提供足够多的反驳。韩东、柏桦、于坚、臧棣、萧开愚、翟永明、王家新……哪一个不是独特的？一旦从这些不同类型的写作中抽象出一种普遍的写作理论，这种理论就再难还原为具体的写作方法。教师可以滔滔不绝，夸夸其谈，自以为发现了诗歌的秘密，可是学生面对这种抽象理论，只能陷入漫无边际的混沌，下笔茫然无措。

多年前，我刚刚接手写作课，想法很幼稚，以为按照自己理解诗歌的方式去教就可以。我谈音乐性，谈诗歌的语调，谈如何经营一首诗的声音，让它声情并茂，并通过语调塑造一首诗的形象，令读者声入心通。两轮教学之后，我便万分沮丧，我发现我在误人子弟，没有一名大学一年级的学生能够在这样一种"玄学"中受益。

  语调自然是诗歌写作中极重要的问题，但是，语调的感知需要反复的训练，绝大多数大一学生缺乏新诗阅读的基础，根本无从掌握。虽然中学教材中涉及的诗歌，诸如戴望舒的《雨巷》、徐志摩的《再别康桥》、郑愁予的《错误》、海子的《面朝大海，春暖花开》等都是经营语调极为成功的范例，初学写诗者或可领悟语调的魅力，却绝难贯彻到分行训练中。写作是中文专业必修课，学生没有不修的选择权，利用这种限制迫使学生接受不适合他们的教学内容是不道德的。我很快又陷入"教什么"的困境。

  后来我还试过从意象、戏剧化、小说化等具有操作性的技术入手，设计各种方案加以训练。但创造一个意象并不容易，像曾卓的《悬崖边的树》、牛汉的《半棵树》，都在"树"的形象中熔铸了半生的苦难，才有那么鲜活的意象。意象训练的结果，多数变成了简单的咏物，写不出意象的生命力。戏剧化同样难以把握，作为诗歌结构，理解它就很困难；作为写作技法，训练若是停留在对白、独白这个层面，没有多少意义。而构造戏剧化情境，对于初学者难度过高了。小说化也即叙事技术，容易把握，可又太容易陷入某些口语诗的套路。在最初的基础训练中，我断不能容忍有学生误把分行散文和"段子"当诗歌。总之，从技术入手也不尽如人意。

  大概是 2012 年以后，写作课上常有同学来旁听，讲诗歌写作时还要多一些，最多有十几位。他们是学校诗社的成员和其他专业的诗歌爱好者。虽然这门课不是为他们开设，可是他们来了，某种虚荣心也让我不能不在教学设计上考虑他们的需求。相对于大一的同学，他们有较好的诗歌阅读和写作经验，这令我在"教什么"上更加为难。我向来不敢自信，总是怀疑过去的做法。从此以后，每学期更新教学内容，年年备新课，更加失去了"老教师"应有的从容。

  上写作课的同时，我还在上一门选修课——现当代诗歌欣赏。这门课以前是柏桦老师开的，我曾经去旁听过两轮，现在还保留着他印发的讲稿。他一讲到废名、卞之琳、北岛、张枣、韩东、陈东东的诗歌就神采奕奕，对我启发尤多。直到现在，这些诗人也是我的课程的主要内容。2010年前后，柏桦老师的创作再入佳境，每日诗如泉涌，无暇多上课。他问我愿不愿接这门课，不愿意的话就停开了。我的兴趣也在新诗，自然十分愿意。但柏桦老师是当代著名诗人，接他的诗歌阅读课，我感到压力很大。那年暑假，我把小客厅的茶几、凳子全部移开，铺上我收集的现当代诗集，席地而坐，日夜读诗、选诗，花了几周时间编了一本教学用的诗选。后来我才发现，这门课程对我的诗歌写作教学帮助太大了，它源源不断地为写作课提供经典的范例。写作课上难以应付的问题，比如旁听生的更高要求，也可以放在这门课上解决。

现当代诗歌欣赏（后来改为新诗鉴赏，现在又改称新诗文本细读）曾是全校公选课。那时学校选修课种类较少，每门课的选修人数都比较多。现当代诗歌欣赏最多达到180多人，这样的规模自然只能是一言堂。大课效果差，一学期结束，总有白忙一场的失落感。于是我就以考试、点名相"威胁"，耍了一些"小伎俩"，终于"吓"走了不少学生，把人数控制在60人以内。渐渐地，这个课堂变成了洛灵诗社的聚会之地，诗人王江平、陈玉伦、金江锋、王谦等都是曾经的常客。尤其是下课后，大家围在一起，畅聊写作中的赏心乐事，空气里弥漫着年轻的激情。诗，就像万年胶一样，一个学期又一个学期地把我们粘在一起。那真是黄金一般的时光。

在交流中，我也慢慢醒悟，真正热爱诗歌写作的人，是不需要教的。他们来到我的课堂，不是为了做学生，也不是为了学写诗，他们真正的目的是来我这儿寻找"读者"，他们渴望听到自己的诗歌和读者碰撞的回声，他们要凭借这回声进行自我定位、自我校正。这个发现，给我的虚荣心泼了冷水，却给我的教学带来巨大的帮助。它使我意识到，要想做一名合格的写作课老师，首先必须成为一名合格的读者。有趣的是，明白了要做读者之后，做老师似乎也自如多了。我一边要求学生对我这个读者负责，一边理直气壮提出各种建议，常有"左右逢源""输赢通吃"的感觉，真有些"老教师"的样子了。

二

又是几年摸索，到了 2016 年，我调整了写作课的文体训练顺序，由常规的"诗歌—小说—剧本"转变为"剧本—小说—诗歌"。这个设计给我带来一些惊喜。剧本写作中的场景意识、小说写作中的叙事策略，以及电影的镜头语言和镜头组接的方法，都可以自然而然地引入诗歌训练中。剧本和小说的虚构性，也能启发学生摆脱个人化的局促，去表达更为深广的经验，而不仅是有限的真实经历。如此，我们的诗歌训练便有了一个较高的技术起点，我则可以把精力和时间集中在"写什么"和"怎么修改"这个环节上了。

对于每年新入学的大一新生，诗歌"写什么"始终是一个困惑。中学语文教材里的名篇如《雨巷》《再别康桥》等，几乎都是音乐化、情绪化的作品，很容易把他们引向"假大空"的陷阱，都不是初学者的好范例。经过几番挫折，我决定把"经验"作为写作起点阶段的表达对象，让诗歌写作从日常生活出发，从切身经验出发，从言之有物出发。当然，这种实用主义的做法，我也常常怀疑它的恰当性，但至今没有找到更好的替代性方案。

"因为诗并不像一般人所说的是情感（情感人们早就很够了），——诗是经验。"里尔克这句话，常常被我拉来当大旗。在我们的文化语境中，"诗言志""诗缘情"深入人心，这导致很多人不加深思地就把诗歌作为抒情工具。这样的想当然必须要破除。诗歌离不了情感，情感可以是写诗的动因，可以是诗的效果，也可以是诗的对象。但初学者最忌讳的是把情感作为对象——直接抒情，这是成熟的写作者才能驾驭的方法。多少浪漫主义诗人都曾在此失手，而里尔克的"经验说"正是对浪漫主义滥情的纠正。

当然，在诗歌训练中，里尔克的"经验"也需要限制。诗作为表达方式，是经验的结晶，因此，里尔克借布里格之口说："为了一首诗我们必须观看许多城市，观看人和物，我们必须认识动物，我们必须去感觉鸟怎样飞翔，知道小小的花朵在早晨开放时的姿态……"但是，诗既是表达方式，也是表达对象，可以说，诗是诗的表达对象。用废名的话说，"新诗的内容则要是诗的"。作为表达对象，诗不是一般的经验，而是一种特殊的经验，一种无法直接说出的经验。

何谓特殊的经验？这很难阐明，但并不难感知。它首先是可感的、触目惊心的、铭刻于心的，却不能和它所在的具体场景、环境或氛围剥离。诗人常说它是神秘的，因为它不能直接说出，要表达它，只能把它和它植根的场景、环境或氛围一起呈现。但它实际上并不神秘，它鲜活可感，就活在记忆里，活在生命里，活在想象里，活在梦境里。它无法以抽象的概念形式存在，就像我每个人的生命里，没有一种叫爱的抽象物，只有爱的动作、爱的声音、爱的碰触、爱的气息、爱的氛围、爱的臂弯……当你有效说出了这些"具体"，你就表达了爱，这几乎等于说你写出了一首诗。

如果遵照王国维的说法，诗"有造境，有写境"，那么，这些"具体"既可以"写"，又可以"造"，取哪一种路径，决定于写作者的个性。从实际训练的角度看，"写境"作为起点更容易上手，而"造境"则需要一定基础，这好比绘画的学习，通常要从写生入手。但是，理一分殊，王国维认为"大诗人所造之境必合乎自然，所写之境亦必邻于理想"。

诗作为特殊的经验，无法直接说出来，在当下的写作中，有不少诗人忽略了这一点。他们把诗歌作为一种特殊经验的表达难度，混同于用修辞包装经验或观念的技术难度。因此常常出现这样的情况，一首修辞高明、观念深刻、具有批判性的诗，缺乏的恰恰是诗。所以，在写作教学中，我一直努力避免把诗歌训练变成纯粹的修辞训练或技术训练。修辞、技术只有服务于"特殊经验"的表达时，才是必要的。而一般的、可直言的经验，显明的或深刻的观念都是散文的对象，无须用诗表达。你写成明白易懂的说明书，更便于指导工作、生活；写成哲学作品，可辨名析义，使人明理；写成论文，则能有针对性地解决问题，何必非要吃力不讨好地写成朦胧的复义的新诗呢？

有时候，对现代诗了解较多的学生还会提出这样的问题：如何理解现代诗的"知性"？如何理解瓦雷里的"抽象的肉感"、艾略特的"思想知觉化"？这是很难一下说清的问题，但在初步的训练中必须澄清，否则学生又会从抒情的泥坑滑向说理的沼泽。我们知道，一百多年的现代诗主流正是"知性"（intellect）之诗，或"智"（wit）之诗。它们机智而深刻，冷静而思辨，能够洞彻虚假的现实，涤荡滥情与伪浪漫。但它们也偏于晦涩、冷僻、枯索，又常常高高在上，不近人情，偶尔还会装腔作势，故作高深。可以说，现代诗成于"智"，也败于"智"。因此，现代诗的"智"或"知性"并非无可挑剔，更非不可动摇的路线和方向。也许今天的诗人对于经典现代诗的态度，反省应多于膜拜，比如对艾略特的《荒原》。这部西方从传统向现代剧烈转型时期的作品，在英语语境中，并不像在汉语中那样，尽是一片叫好声。同样杰出的诗人威廉·卡洛斯·威廉斯（William Carlos Williams）就很反感它。

初学诗者对于瓦雷里、艾略特等大诗人的话不必迷信，时代在变，语境也在变。事实上，瓦雷里、艾略特并不认为先有抽象之理，然后再将之形象化。他们所谓的抽象、思想，只是带有理性意味的感性体验。有些当代中国诗人对此有致命的误解，他们一直在包装那种先在的道理或思想，把一种可以言明的观念模糊化，颇有些装神弄鬼的感觉。抽象的肉感化、思想的知觉化很容易产生歧义，作为训练的路径，可谓危险的旅途。安全也更具操作性的仍然是发现那特殊的经验，通过具体的场景、环境、氛围去呈现它、捕捉它。

诗歌写作训练，当然不必先普及诗歌理论，但是作为老师，我有必要说明这一切，因为，当代诗歌批评常有一种不良的习气，很容易影响到初学者的写作，那就是不加辨析地盲从大诗人，把大诗人的名言当真理、当依据。大诗人的话有它自身存在的历史语境，不一定都适用于当下的写作。对此，老师不应该丧失判断力。虽然判断可能出现偏颇，但只要不绝对化也无妨，学生们前途无限，自有校正能力。没有方向的训练却是实实在在地浪费学生的宝贵青春。

教学中，我参阅过不少写作教材，包括最近几年火爆的创意写作教材。它们提出各种诗歌理论，设计花样繁多的操作方法，可是一看例诗便大失所望——它们是在教写平庸的诗。如果编者或老师自身缺乏基本的诗歌感受力和判断力，何以教人呢？在当下，诗歌写作教学的公共资源还太少，各个环节都靠自己慢慢摸索，而整个基础教育和高中教育没有教给学生必要的新诗阅读、写作能力，大学里，新诗写作教学的任务之重和压力之大，可想而知。

三

  我的写作课首先要完成"培养方案"规定的任务和目标，要为学生的专业学习服务，不可能专去培养诗人，也不可能专讲诗歌写作。分给诗歌的时间大概有 5 讲，每讲 2 节课。有时候，学生兴致高，就想办法增加 1 讲。通常，第 1、2 讲，我都是带着大家一起读诗。读诗当然是快乐的，学生眼睛里迸发的新奇之光也令我愉悦。但读诗不是为了阅读的愉悦，背后隐藏的目的有多种：一是了解当下诗歌的一般状况；二是了解新诗写作的多元化格局；三是纠正对新诗的种种误解；四是初步获得诗歌写作技艺的基本认知，即写什么和怎么写。选诗时，我尽量多元化，课堂上无法读完，可以延伸到课前或课后。随着年年增补，写作课的诗歌阅读篇目已经增至 30 多位当代诗人的 60 多首新诗。每位诗人的诗作在课堂上都肩负着特定的教学使命。比如多多《冬夜的天空》的观察视角，陆忆敏《美国妇女杂志》暗藏的对白方法，韩东《一摸就亮》《梁奇伟》中的小说化手法……又比如柏桦如何利用声音创造一首生动的诗，臧棣诗歌如何用思辨来激活诗的情境，于坚如何在细节中展开广阔的社会、历史画卷，陈东东诗歌如何把现实与超现实糅合……

  阅读之后，训练之前，还要做几点说明。这是专门为初学者准备的几句通俗的话，并要求他们辨析：

  第一论"自家的孩子和王婆的瓜"。

  第二论"铁匠的斧头和木匠的斧头"。

  第三论"看风景的人和风景里的人"。

  这三组话题，分别喻指诗歌训练中的三个常见问题：第一，经验的处理问题，即写作者对待个人经验，应该有意识地将之对象化，不能总觉得"自家的孩子"什么都好，而不能取舍。写作者应该向"卖瓜的王婆"学习，她实在是一个好榜样，不论瓜好瓜坏，她总是擅长创造言辞上的完美之瓜。写作者处理个人的经验，一定要将之对象化，保持距离，有所取舍。第二，写作的目标问题，即写诗要像铁匠那样为读者打造一把好的"斧头"，而不是像木匠那样使用斧头去砍、去劈、去表达。你无须也无法掌控别人怎么理解你的诗歌，怎么使用你的诗歌，但你能够要求自己把诗歌打造得精良、锋利又耐用，令那"木匠"爱不释手。第三，主体问题。写作者应像"看风景的人"那样，具有明确的"我在写作"的主体意识，而不是去做被看、被写的风景中人。他要么创造一个角色、替身，要么戴上各种面具，除此，他不会以真身进入诗歌的文本。一个好的诗人，就像伟大的导演，常在镜头外，他的任务是导出好电影，而不是演出好电影，更不是说出好电影。

在我看来，这三点是训练前必须展开讨论的。同时，我也会告诉大家，这绝不是金科玉律，这只是训练的要求。训练结束后，你觉得遵循这样的要求有益，你可以继续；倘若觉得多余，你就自行解放。写作要自由，训练有框框。

写作训练，我历来反对"多写主义"。和有节制的训练相比，过多的训练费力不讨好，国内外都有相关的调研支持这一说法。因此，我布置作业，字数只设上限，不设下限。小说每篇不超过 8000 字；剧本每部不超过 30 页；散文 3000 字以内；评论 5000 以内；诗 4 首，每首不超过 30 行。允许以 1 部长篇小说或 1 部短篇小说集或 1 部散文集或 1 本诗集替代全部作业。以前，总有不少学生追求写得多，篇数多，字数多，激情澎湃，动辄一两万字，写得畅快，却不重视质量，经验不能沉淀，收获甚微。近些年，"限产限量"后，写作课的时间和精力就集中在后期的修改上了。一般情况下，学生的诗歌初稿要先按照"修改清单"做第一次修改；然后交给我这个读者，读者不满意，就提出建议，做第二次修改；之后再阅读再建议，不能定稿的，做第三次修改。最终，我这个读者也会忍不住动手，和学生一起讨论修改，直至全部定稿，编出一本班级新诗选。因为我个人对诗歌有偏爱，加之诗歌篇幅短小，所以诗歌的修改通常不少于三次，至于别的作业不免要宽松些。否则，即便有助教帮忙，这样工作下去，也是吃不消的。

其实，这最后的修改环节，我认为是整个诗歌写作教学中最重要的。可它是由一个个的特例构成的，每次建议和修改都有针对性，难以化约为一种经验或方法。作为写作课老师，我也不知道如何描述它的重要性。同时，作为学生们的读者，我也常常感到惭愧。因为，有时候我也会失去耐心，大发雷霆；有时候还会偷懒耍滑，敷衍了事……倘若一定要在文章末尾总结一下这些年的教学收获，恐怕还是江平、玉伦他们给我的启发：比起老师，诗歌写作课的学生更需要一名真诚的读者！

新媒介时代的外国文学教学改革探索

阮 航

【提　要】随着高校教育发展，新媒介技术在教学中的作用日渐突出。外国文学教学改革要求教师改变传统教学理念，充分运用新媒介技术手段，针对原有单一的教学方式加以创新，突出新媒介技术优势，拓展外国文学教学途径，建构立体化课堂体系，利用各类新媒介平台建设第二课堂，激发学生学习兴趣，促进师生的良性交流，同时克服新媒介技术之弊端，培养学生的文学感受力，培养具有跨学科知识储备、问题意识与分析能力、适应社会挑战的新型人才。

【关键词】新媒介时代；外国文学；教学改革

在国内高校，"外国文学"课程是中国语言文学专业本科教学的一门主干必修课程，也可能是其他专业的限选课或任选课程。外国文学作为中国文学的他者与镜鉴，通过梳理并总结外国文学的发展历程及重要的文学思潮以及鉴赏经典，引导学生对文学作品与文化现象进行分析等，对培养具有跨学科知识储备、问题意识与分析能力、适应社会挑战的人才发挥了一定的作用。近年来，在新文科研究和改革实践中，外国文学教学改革取得了一定的成绩，但是，我们也应看到当前外国文学教学中仍存在诸多问题。因此，深化改革，使学生提高文学鉴赏力，感受外国文学的内涵和魅力，领略西方文学的精华，培养具有多元文化意识和平等共存的包容心态、分析问题和解决问题能力的新型人才，是摆在我们面前的重要任务。

外国文学教学改革涉及师资队伍建设、课程内容安排、教学方法、教学资源整合、人才培养模式等诸多方面，本文主要聚焦于如何合理运用新媒介推进教改的深入发展，从而不断提高教学质量，培育出担当民族复兴大任的时代新人的探讨。

习近平总书记在党的二十大报告中着重指出，要"推进教育数字化，建设全民终身学习的学习型社会、学习型大国"[①]，而新媒介的运用是教育数字化的重要一环，外国文学教学改革应顺应形势。

一、转变教学理念，培养新型人才

当今，将新技术融入外国文学课程教学中必然绕不开充分运用计算机网络、智能手机、数字影视等新媒介技术进行教学活动，这就要求教师更新教学理念，在教学中充分利用新媒介技术。这也是积极顺应时代科技与社会环境，是教育改革的内在要求。教师的认识提高了，才会自觉学习，甘愿付出，努力改变师生教习方法，将学生从被动学习的状态中解放出来，从而实现真正的教育改革。

教学理念的转变要求教师了解学生。了解学生是展开具体的教改实践的前提。作为一项双向互动的教学工作，了解就是教师开展教育活动的基本要求。而决定课程质量关键的教师若不了解授课对象，改革就达不到目的。目前在校大学生是伴随着新媒介技术迅猛发展而成长起来的一代，他们是使用新媒介最多和最直接的群体，他们的学习方法和方式、心理认知特点、知识结构乃至人际交往模式都受到新媒介深刻而广泛的影响。教师唯有了解他们，重新思考新媒介技术与教学改革的结合路径，在课堂教学中使之有机融合，才能将学生的兴趣点与外国文学课程学习密切连接起来，进一步培养学生去粗取精、去伪存真的良好思维习惯。

教学理念的转变要求教师明确培养目标。新文科育人体系要求培养具

---

① 习近平：高举中国特色社会主义伟大旗帜 为全面建设社会主义现代化国家而团结奋斗——在中国共产党第二十次全国代表大会上的报告[EB/OL].（2022-10-25）[2024-03-22]. https://www.gov.cn/xinwen/2022-10/25/content_5721685.htm.

有高度创新意识的应用型人才。文科类学生就业面广，但在竞争日益激烈的就业形势下，具有扎实专业知识和新媒介技能的文科类学生才能更好地适应形势，为社会的经济与文化发展服务。也唯有如此，高校尤其是理工高校才能真正突出自己的办学特色，获得长久的竞争力。新媒介技术环境为这一人才培养目标提供了舞台。

教学理念的转变要求教师理解课程性质。作为专业基础课，外国文学与语言类课程相比，实践程度低。它更强调无形的情感投入，在重视时代政治经济文化背景的同时，更关照较为虚化的语感、美感培养。新媒介技术能够帮助学生迅速抓住关键词、捕捉线索、查找相关资料、拓宽视野、追寻答案，建立起具象化的知识网络，当然，与此同时也极有可能滋长懒惰心理，削弱学生的独立思考意识以及展开联想、想象和深度感受作品的能力。因此，在教学中，若能充分运用新媒介优势且克服新媒介之弊病，提高师生互动的频率与质量，也许能探索出新的教学路径。外国文学教学改革在新文科视域下人才培养模式的探索中，应充分利用自身特点与社会现实发生实质性连接。何况，20世纪90年代以来，新媒介技术广泛而深刻地改变了整个世界的文学场域，改变了原有的叙事模式、语体风格、创作方式、传播样态及文学理论，出现了以媒介传播平台为划分依据的类型文学，如影视文学、网络文学等。充分而合理地使用新媒介技术，也是外国文学课程教学的内在要求。

"当今世界，互联网、大数据、云计算、人工智能等新一代信息技术飞速发展，科技革命和产业变革正在对经济发展、社会进步和全球治理产生重大而深远的影响。信息技术与教育教学的深度融合正在转换教育发展的动力结构，推动一场贯穿'教、学、管、评、测'全空间、全维度、全场域的大变革，实现对传统教育的理念重塑、结构重组、流程再造、文化重构，逐步形成促进人的全面、自由、个性化发展的教育新生态。"[1]转变教学理念，探索外国文学教学在新媒介环境下的新策略，是题中应有之义。

---

[1] 雷朝滋：新时代人才培养应切实转变教育理念[EB/OL].（2020-12-15）[2024-02-20]. https://www.gov.cn/xinwen/2022-10/25/content_5721685.htm.

二、充分运用新媒介技术手段，建构立体化课堂体系

课程是人才培养的最基础、最关键、最核心要素。外国文学教学改革要努力提升课堂教学质量，夯实课程体系，推动教学内容更新，着力培养学生创新思维以及跨领域知识融通能力和实践能力。

将知识性教学转为探究性教学是培养学生创新思维的重要途径。教师应以真正能引发学生发现、推理、论证的问题为先导，引入各类分析立场、视角、观点，在多元对话中激发学生的好奇心、质疑意识与探索兴趣，进而提高分析、解决问题的能力，使课堂由传统的以教师为主的单一讲授形态变为学生积极参与的立体形态。在此过程中，新媒介技术的优势发挥着独特功能。学生在教师的引导下，利用新媒介技术尽可能地搜索到关于文学流派、思潮、作家作品等方面的基本信息及代表性评论观点，而短时间内课堂教学的这种搜索广度是纸质媒介无法比肩的。教师在学生掌握相关知识的基础上，可设计一系列探究性问题，调动学生的学习积极性，开拓学生的思考深度。传统的课堂教学侧重知识讲授，难以培养具有创新思维的人才。即便有课堂讨论，也多为教师提前布置知识性掌握层面的题目，学生课后准备，课堂上汇报，极少有探究性问题讨论。而启发式教学也常常是教师自问自答，整个教学过程中教师占据主导地位，学生并未真正发挥主体作用。比如分析司汤达长篇小说《红与黑》中主人公于连性格的二重性时，教师多是依照具体的故事情节、人物经历、生活环境、人物关系来分析其性格二重性的表现及其形成原因，课堂教学设计基本上还是在"课堂—教师—学生""课堂—作品—课本"这样封闭性模式中循环，内容平淡而乏味，而所讨论的这些基础知识其实在网络上轻而易举就能搜索，若课堂上再讨论无疑是浪费时间，也无助于学生探索意识的培养。若改变这种教学路径，可设置为"教师—网络—学生""课本—论文—作品"或"课本—文学原理—作品、课本—心理学原理—作品"等多种开放关系，在学生掌握研究理论和研究成果的基础上，教师可省略关于作品基本信息的介绍，直接追问人物性格形成原因，引导学生了解具体的历史语境，学会在更广阔的视域和关系网络中分析人物，逐渐掌握分析人物

性格特征的方法，甚至激发对金钱与信仰、爱情与婚姻的思考等。此类思考很贴近年轻的学子，课堂气氛也会随之活跃。同时，新媒介为课堂教学即时搜索知识提供了便利，学生可通过智能手机、笔记本电脑迅速查到讨论问题要用到的知识。现在，学生上课利用手机上网、看影视剧甚至聊天的不良现象较普遍，教师也不可能时时中断授课提醒学生。故如何因势利导，设置紧贴教学内容的问题，使学生围绕课堂教学内容思考，让手机、电脑成为学习的好帮手，是教师在课堂教学设计时应考虑的问题。例如，莎士比亚的悲剧代表作《哈姆莱特》体现了文艺复兴文学的最高成就，分析主人公哈姆莱特这一人文主义者典型形象对于学生理解文艺复兴文学特点具有窥一斑而见全豹的意义。但时隔几百年，且不同的语言文化圈之间存在隔膜，使学生难以理解哈姆莱特为父复仇行动的延宕，也无法体会"哈姆莱特命题"的内涵，遑论领悟作品的现代意义。为此，教师可将作品置于文艺复兴的大环境之下设置问题，让学生思考相关概念，并利用手机或电脑搜索出这些概念的内涵以及名家对哈姆莱特的评价。然后，教师引导学生比较中外为父复仇的典型作品以及中国儒家、道家关于人生意义的观念，从而进一步理解哈姆莱特行动延宕的原因及其悲剧意义，进而体会名家对哈姆莱特悲剧的评价公允与否。学生由教师设置的问题唤起相关知识的记忆，并利用新媒介技术核实、运用知识库存，初步建立起融会贯通的意识，培养探究问题的思维习惯。同时，学生又必须自己独立地感受、比对才能获取答案，理解能力由此得到提高。另外，教师可指导学生使用网络数据库，查找与问题相关的最新研究成果或曾经引起争议的观点，让学生从自身的兴趣点出发各抒己见，积极参与课堂讨论。当今，研究成果日新月异，它们通过新媒介的技术优势以较快的信息更新呈现，这是报纸、书籍等传统媒介无法赶超的。为激发学生思考，在质疑、对比、批判中明辨是非，很有必要将最新的研究成果引入课堂教学。教学的过程也是使学生创新思维、独立思考能力不断得到提高的过程。当然，以问题设置为先导，离不开借助新媒介技术，尤其是适当利用相关的数字化影像资料以拓宽课堂维度。外国文学作品改编为电影的不少，它们给学生带来强烈视听感受的同时，也带来了一些负面效应：阅读经典文本的人少了。

很多学生不愿静心读作品，而依赖于通过快餐式的影视等手段来了解，一些教师播放影视片段缺乏一定的针对性，未做到整合资源、合理运用，而是乐于少讲授，多让学生观看影视片，不重视教学效果。文学是语言的艺术，依赖于读者的深度思考与再想象，这是影视无法取代的。观看影视能扩展学生对作品的感性了解，却不利于深度理解作品的价值与意义。教师对此应进行引导。当学生学会带着问题观看时，鉴赏水平也会得到提升。此外，教师将通过新媒介获取的信息重新编辑带入教学，也是在教学生如何利用新媒介技术有效获取知识。以问题为先导，充分发挥新媒介技术优势，建构立体化课堂教学体系，增加课程结构的丰富性，教学改革将会取得明显成效。

三、利用各类新媒介平台建设第二课堂，促进师生的良性交流

第二课堂是在学校课堂教学计划之外开展的开放式教育活动和实践活动的综合，是第一课堂的延伸和拓展。新文科视域中的第一、二课堂具有同等地位。从本质上说，第二课堂是高等教育模式不可分割的组成部分，与第一课堂共同发挥高校的育人价值功能。只有重视它们之间同行、共促、互动的建构，才能充分达至二者彼此交融、相得益彰的效果。本文讨论的是新媒介语境中狭义的"第二课堂"，即在课堂之外利用现代通信手段与网络社交平台发布课程资料，创建学习交流群，以进一步增强师生互动，促进师生的良性交流。教师应主动联系学生，有效利用大型在线教学平台、校内教务网上平台存储材料，或者创建关于课程学习的公共邮箱，将学生作业及教师反馈、课程电子教案及PPT、课程拓展资料等文件存入，建立课程资料库，方便学生浏览下载、存阅，课前预习、课后复习，及时了解课程计划、教学进度和重难点。除此之外，教师还可创建QQ或微信交流群，及时分享与当下进行的课程知识密切相关的文章或书籍，也可以抛出讨论题，比如大多数文学作品涉及的"人性善恶"的问题，鼓励学生讨论，甚至学生作业中普遍存在的、需要及时提醒、订正的问题，皆可在交流群里提示、纠正。学生亦可在群里或私信老师提出问题，发表课后感想，请老师评阅自己的习作。

师生的良性交流是建立在良好的师生关系基础上的。目前大多数高校的第二课堂制度是不完备的，缺乏明确指示与建设导向，更无管理、监督、考核和评价，第二课堂处于低效状态，得靠教师自己探索。第二课堂的建设要求教师充分认识师生关系是教育中一个重要而无法绕过的问题。教师要善于、勤于成为积极管理者，让顺畅有效沟通成为良好师生关系的有力保障。良好师生关系的建立与教师的人格魅力紧密相关。兼容并包、公平友好、情绪稳定、胸怀宽广和境界高尚的教师易赢得学生的信任与尊重。良好的师生关系建立的过程也是检测教师奉献精神和自我修养的过程。有的教师虽建了交流群，但除了偶尔发布通知，简单回答学生的提问外，从未提出问题、发起讨论，更未上传任何教学资料。外国文学课程一般都布置了课后阅读任务，教师本应通过交流群提示阅读重点，发起阅读体会的话题，了解学生阅读进度、遇到的困难等，但一学期甚至一学年下来，交流群的作用未充分发挥。故教师要主动在交流群里营造畅所欲言的轻松氛围，想方设法引领学生发言交流，还可将学生的发言质量作为平时成绩的参考，以调动学生讨论的积极性。教师应换位思考，自觉以师生平等的身份介入讨论，保持开放的心态，耐心倾听学生的表达，梳理和感知学生的立场、逻辑和情绪，积极听取学生的想法和建议。教师要不断提升自身的沟通艺术，要善于表扬学生，帮助学生找到学习中的成就感和愉悦感，对存在问题的学生应在理解的基础上积极引导，保持委婉温和的态度，以鼓励肯定为主，照顾学生的自尊与自信，激发其内心的成长动力，以影响而非教训的方式给予学生知识与思想启迪。

促进师生的良性交流有助于教学效果的提升。教与学是相互作用的双向关系，师生之间的诚挚交流源于课程教学但又不为其所囿，是良性互动的标志。良好的教学效果有赖于学生及时反馈知识掌握情况，教师应利用内容讨论和答疑解惑建立起知识链接，检验学生学习成果，通过师生间一问一答扩充学生思想，让学生进一步消化和吸收课堂上所学内容，同时也使教师自己及时关注学生的学习需求和进程，不断根据实际情况调整教学方法和内容，增强教学针对性，以达到最佳的教学效果。交流中师生能够彼此激发，互相碰撞，唤醒潜能，各自完善。良性的交流使教师自然地呈现以善良的情怀和博爱的心胸为依托、发自内心的特殊禀赋和素养的亲和力，使学生"亲其师，信其道",进而"乐其道,学其道",教学效果凸显。

由于性格、经历、处境等原因,有的教师课堂上严肃认真,不苟言笑,较少与学生互动,或从未互动,踏着上课铃声走进教室,下课匆匆离开,给学生留下神秘与难以接近的印象。有的老师精心备课,授课广征博引,但亲和力不足,他们付出很多,却常常未能收到良好的教学效果。教师面对的是有血有肉、有思想、有感情的学生,而非知识接收器。高质量的教育要求教师缩短与学生的距离,用灵魂唤醒灵魂,让课堂承载并形成生命共同体。这是回归本真教育的基本前提。生硬地灌输知识是不可能取得好的教育效果的。教师富有亲和力的授课往往会通过对作品思想意蕴的发掘与美好情感的传递深深地感染学生,并带动他们经历心灵的洗礼。

在教学中,师生之间的良性交流不可或缺,而通过新媒介建立的"第二课堂"具有增进了解、拓宽思想视野的作用。在交流中,教师主要负责营造宽松、和谐的聊天氛围,引导学生围绕话题展开发言。教师一定要有把控能力、边界原则和保护彼此心理安全的意识,主动表现积极向上的生活态度,切实保证师生关系健康发展。

与第一课堂相比,第二课堂具有内容广泛性、形式多样性等特点,在帮助学生提升能力、情操等方面具有重要的作用。

四、使用新媒介技术有度,提升学生的文学感受力

外国文学史源远流长,从古希腊、古罗马文学到现当代文学,卷帙浩繁。它们表现人的内心情感,再现一定时期人们和一定地域的社会生活,与时代的政治、经济、文化等密切相关。因此,外国文学教学关键在于激发学生的感受力,让学生切实感受学习的内容与其自身的生命状态密切相关。新媒介技术在教学中的使用,极大地丰富了教学内容的呈现方式,从而优化课堂教学,但是对学生情感素质的培养质量是不足的。新媒介知识存储固然是海量的,但知识的唾手可得使人们忽略了探讨、思索。外国文学的教学改革应着力让学生摆脱"应试"的学习习惯,打破追求答案、不

在乎过程的中学思维模式,不过于倚重知识的猎取,还原文学课程生机勃勃、千姿百态的样貌。因此,无论如何运用媒介技术的优势教学,教师都应注重提升学生的文学感受力。

感受力是理解外国文学的基础。感受力在学生的阅读中不仅仅作用于课堂内容,而且还作用于学生阅读思维的拓展,促使学生展开由此及彼、由表及里的积极想象,从而获得基于文本却又高于文本内容的知识。外国文学浩如烟海,风格不一,要理解作品的意味与寓意,必须以感受力为基础。在教学中,学生并不是将文学中的佳词诗句、名言术语、经典段落等背得滚瓜烂熟就真正地感受到了外国文化。缺乏有感受力的解读,最终也只能是无情的背书机器,并不能真正透视作品意蕴。只有用心去感受,用情去体验和解读文学作品,才能获得人类宝贵的文化之奥妙并传承发扬。学生有了"感受"才有"感知",有了"感知"才有"感情",进而从独特的角度理解外国文学的抒情叙事、情节安排、人物形象塑造等不同的表达。

感受力的培养有利于破除唯理主义崇拜。感受力的培养对恢复学生有效的感知平衡、健全人格具有重要作用。外国文学的学习既需要理性,也需要感性,过度使用新媒介技术会导致学生机械地理解、套用数学公式般得出千篇一律的"答案"。没有个体独特的理解和感受,就很难对文学作品有深入的解读。

感受力的增强有利于提高学习效率。在教学过程中,学生如果具有较好的感受力,那么课堂的学习氛围也会变得更加和谐。由于感受力在阅读过程中发挥了作用,学生能全神贯注投入阅读与感受之中,被文本内容吸引并沉浸其中,从而达到高效的阅读与理解效果。学生在个体阅读中,感受力驱使其理解作者赋予文中各种人物、事物的特征与意义,达到对作品的整合理解,进而提高文学素养。

教学中,只有认真听、认真看、认真读,才有真感受;在讨论活动中,才能激发学生表达,提高互动的活跃度。

感受力培养的方法很多,于外国文学教学而言,朗读和阅读尤为重要。

朗读能够通过语感训练提高语感能力,促使学生直接感受到语言的美感。在条件允许的情况下，可以朗读短小的原文，比如莎士比亚《哈姆莱特》中关于"哈姆莱特命题"、关于人的评价，又比如莎士比亚《雅典的泰门》中对黄金的诅咒、叶芝《当你老了》中对爱情的忠贞等。用英文朗读或许更能产生联想，以设身处地和推己及人的态度来体察作者的感情。声情并茂的朗读促使大脑变得兴奋，学生的感受也将更为深刻。

阅读与感受息息相关，学生通过反复阅读和积淀，不断提高感受力。尽管通过影视可了解一些作品，但对感受力的提高远不如阅读。例如小说对人物心理细腻的表现在电影中快速掠过，观看者无法细细品味，阅读却能给人带来联想与想象，让人更能体会书中人物的情感。

感受力的培养在外国文学教学中占有重要地位，教师应合理引导，精心设计，切实培养和提高学生的感受力，只有这样，学生的审美能力才会不断提高。

另外，了解作家生平、创作，也有助于提升感受力。在外国作家形象介绍方面，已有一些影视资源，如纪录片《卡夫卡是谁？》讲述了卡夫卡的生平，还原了作家短暂的一生；《英国小说家们的自述》介绍了从1919年到1989年之间重要的英国小说家，从福斯特、伍尔夫到温森特、鲁西迪，资料翔实，叙事宏观；《关于苏珊，桑塔格》展现了一个充满魅力的伟大女性和那个流光溢彩的时代；《阿瑟·米勒：作家》记录了美国剧作家阿瑟·米勒的传奇一生等。但是，这些影像所传知识的广度与深度对中文系学生而言过于浅显。而那些对作家的介绍短小视频更不能满足中文系学生的需要。专业学习者还是要通过阅读，了解作家所生活的时代，感受作家人生追求与创作追求之间的密切关系，切实理解文学不仅是对社会生活的反映，更是以其独特性参与了时代主题的建构，这是影像资料不能提供的。学生只有在教师的提示下，将相关资料联系起来思考，调动储备的知识，感受力才能得以提升。

当然，感受力还可以通过写作提高，此不赘述。

总之，新媒介为外国文学教学改革提供了良好的条件，如何因势利导地运用新媒介技术、不断提高教学质量值得探讨。

"后理论"时代的"文学理论"课程教学*

王长才

【提　要】 "后理论"更强调对理论的反思，更注重差异性和多样性，而非普遍性的宏大叙事和元叙事，承认地方性和特殊性的重要性，也致力于采用更加开放和灵活的理论方法。在"后理论时代"，"文学理论"课程的教学模式也需进行调整，而"翻转课堂"教学模式是一种较为有效的应对方式。本文基于教学实践，分享"翻转课堂"教学模式各环节的部分经验与教训，供同行参考。

【关键词】 后理论；翻转课堂；文学理论；教学法

自英国著名马克思主义批评家特里·伊格尔顿（Terry Eagleton）的《理论之后》（*After Theory*）于 2003 年出版以来，西方与国内学界关于理论的现状和未来有了诸多讨论，"后理论"成为学界的热点问题之一。尽管对这一概念的所指及使用有分歧[①]，但作为对理论的性质、旨趣、形态、功能进行的反思不能不引起文学理论相关课程教学方式的改变。笔者多年承担中文系汉语言文学本科专业必修课"文学理论"课程的教学，也受"后理论"思潮的启发，在教学实践中进行了一些探索，现整理成文，以请教于方家。

---

* 本文为西南交通大学本科教育教学研究与改革项目"以经典研读为核心，理论基础与实践能力并进的中文一流本科人才培养模式改革"（项目号 20201048）成果。
① 柴焰."后理论时代"：命名误用与歧义[M]//高建平. 中国中外文艺理论研究（2013）. 北京：中国社会科学出版社，2014：206-214.

一、"后理论"及对文学理论课程教学的启示

伊格尔顿的《理论之后》一书尽管没有使用"后理论"一词,但它与世纪之交的"理论的终结"等话题产生了共振,引起了西方学界与国内学界的强烈关注。按照学者柴焰的梳理,"后理论"一词"可以说是中国一些学者对《理论之后》这个书名所进行的术语变异,用以指称当代文化理论与文学理论的现实境遇、变革与转型"[1]。尽管对"后理论"时代的所指有诸多论说,并未达成共识,但这一命名已被国内文艺学界广泛接受。在国内大力倡导"后理论"的王宁教授看来,"后理论"时代指"理论的黄金时代已经过去,理论处于全盛时期、包打天下的情况已一去不复返了,杂糅共生的多元理论形成了一个没有主流的格局和时代"[2]。因此,相对而言,"后理论"更强调对理论的反思,更注重差异性和多样性,而非普遍性的宏大叙事和元叙事,承认地方性和特殊性的重要,也致力于采用更加开放和灵活的理论方法。在"后理论"时代,只存在一种统一、普遍理论的观念被舍弃;相反,要意识到存在着多种理论,每种理论都有自己针对性,有其洞见与盲视。应该对各种理论方法持既开放又审慎的态度,并对其有效性与局限性有所意识与警惕。另外,也要对文学理论的开放性与实践性有更多体察,当新的文学实践出现时,需要及时进行理论回应。因而,"后理论"时代对大学文学理论课程的教学提出了挑战。长期以来,文学理论教学方式以教师课堂讲授为主,将文学理论教材上的知识讲解给学生,考核也以知识的掌握为重点。学生容易将教材上的知识视为普遍性的真理,这种方式在"后理论"时代显然会引起质疑。随着新的知识和观念不断涌现,传统的学科体系和知识结构也需要进行调整以适应社会形势的变化。在"后理论"时代,人们需要具备较强的创新能力、批判性思维和问题意识,以便在复杂的社会环境中发挥自己的价值。因此,文学理论课程教学的目标也应该从传授知识为主转向重点培养学

---

[1] 柴焰."后理论时代":命名误用与歧义[M]//高建平.中国中外文艺理论研究(2013).北京:中国社会科学出版社,2014:206-214.
[2] 王琦.后理论时代中国文论的国际化走向:中国比较文学学会会长王宁教授访谈录[M]//李维屏.英美文学研究论丛(第33辑).上海:上海外语教育出版社,2020:1-16.

生的独立思考能力。如何培养学生的批判性思维与问题意识，提高学生进行理论思考与自主研究的能力，激发学生学习文学理论的热情，并积极主动地将理论知识应用于平时学习和批评实践中，成为后理论时代每一位文学理论课程任课教师需要认真考虑的问题。笔者采用的应对策略是"翻转课堂"教学模式。

二、"后理论"时代文学理论教学的应对策略："翻转课堂"

2007 年，美国科罗拉多州洛矶山林地公园高中（Woodland Park High School）的化学老师乔纳森·伯格曼（Jonathan Bergmann）与亚伦·萨姆（Aaron Sams）为解决学生缺课的情况，录制了教学视频上传到 youtube 网站，让学生自学。后来他们发现，学生们遇到困难需要个别指导时才真正需要他们亲自到场，教学内容学生可以自己学习，不需要他们讲授。他们想到，何不将所有教学内容提前录制好，让学生以看教学视频为作业，而整个课堂时间都用来解决学生不理解的问题？这就是"翻转课堂"（flipped classroom）的诞生[1]。这种教学模式实践引起越来越多的关注，再加上网络技术、视频平台的蓬勃发展，尤其是可汗学院（Khan Academy）等慕课平台的兴起，为广大教师提供了相关教学资源，"翻转课堂"模式在全球范围内风靡起来。

"翻转课堂"将"传统的教师在课堂上讲解知识，学生课后做作业"的模式翻转过来，让学生提前学习，从而使教师在课堂上有更多的时间解决学生的问题，其核心在于更有效地利用宝贵的课堂时间，以学生为中心，让学生承担起自己的责任。借助学习平台，学生也可以轻松实现个性化和差异化学习，学有余力的学生可以多学，基础差的学生也有反复学习的机会。而在课堂上，学生有更多的时间与老师面对面交流，有针对性地解决学生提前学习时发现的问题。由此可见，与传统的老师讲授为主的教学模式相比，翻转课堂的教学模式将教学工作整体前移，要求学生有更多的主动性，更积极地

---

[1] BERGMANN JONATHAN, SAMS AARON. Flip Your Classroom: Reach Every Student in Every Class Every Day[J]. International Society for Technology in Education, 2012(6), pp. 4-5.

投入学习中来。这对于更注重学生的自我学习、独立思考的大学课程而言,是一种有效、可行的教学模式。具体到"后理论"时代的文学理论课程,学生更需要破除本质主义的思维,不能不假思索地接受普遍、统一的唯一真理,而是要认识与思考种种理论的特点、长处与短处,翻转课堂给了学生更多的自主性与成长的空间。

三、文学理论"翻转课堂"教学实践

(一)课前学习:"翻转课堂"的准备

"翻转课堂"教学模式要求学生提前学习,因而,课前学习内容的安排就很关键。为此,笔者投入了大量精力去建设课程学习平台,除了本人的教学课件之外,平台上还包括国内外名校以及国家级精品课等教学资源。经过笔者的搜集,本课程大多数学习单元都补充了相应的授课或讲座视频,这些视频来自耶鲁大学公开课、国家级精品课教学录像、超星学术视频等,汇集了耶鲁大学、中国人民大学、南京大学、华中师范大学、上海大学等名校名家的视频,从不同侧面拓展了本课程的教学内容,也让学生领略名家风采,与本课程教学课件、学生结合教材的自主学习以及课堂讨论构成了有益的补充。

在专业文献方面,根据后理论时期的特点,笔者结合授课单元,有针对性地选择了大量适合学生参与讨论、自主思考的学习材料,并有意选择彼此相冲突的观点。这些不同时代、不同国家的理论家根据不同语境和问题从不同视角对文学理论基本问题的回答有各自的针对性,都有其道理。教师不提供固定的标准答案,让学生首先进入无所适从的境况,从而改变学生被动接受的习惯,开阔学生的视野,让学生意识到每位理论家观点的有效性及其限度,经过自己的独立思考,结合当下的语境与自己的经验得出自己的认识。比如,在"文学的本质:什么是文学"课程单元,本课程选择了以下几种有代表性的理论文本:美国"新批评派"理论家勒内·韦勒克、奥斯汀·沃伦等最初出版于1949年的《文学理论》第二章"文学的本质";英国新马克思主义批评家伊格尔顿最初出版于 1983 年的《文学理论导论》的"导论:什么是文学？"；美国艺术与科学院院士乔纳森·卡勒最初出版于 1997 年的"牛津简论"系列中的《当代学术入门：文学理论》（*Literary Theory: A Very Short Introduction*）第二章"文学是什么？它有关系吗？"；中国人民大学原教授余虹发表于 2002 年的论文《文学的终结与文学性蔓延》，以及发表于 2006 年的论文《在事实与价值之间：文学本质论问题论纲》等。通过研读这几篇代表性文献，让学生仔细阅读并思考：

（1）在这几篇文章中涉及几种文学的定义，作者又是如何分析、讨论的？

（2）作者的立场是什么？这几位理论家之间的分歧何在？这些理论家为什么会提出一些相互矛盾的观点？

（3）作者的行文思路有什么特点？对如何看待文学有何启发？

另外，为了培养学生良好的理论素养，根据本课程强调理论思辨的特点，以及学生的基础和层次（相当一部分大二学生还保留着中学的学习习惯；年轻学生容易情绪化，缺少逻辑训练和公共说理的素养等），除了专业知识方面的文献之外，本课程还着重推荐了朱青生的《十九札：一个北大教授给学生的 19 封信》（广西师范大学出版社，2001）和徐贲的《明亮的对话：公共说理十八讲》（中信出版社，2014）。这两本入门书很有针对性，学生认真阅读领会，对于深入理解大学的意义，掌握学习方法、学术规范，以及培养有逻辑、有理性地平等讨论的对话意识、独立思考精神大有帮助，也为有质量的课堂讨论打下基础。

（二）课堂互动与讨论：翻转课堂的核心

"翻转课堂"模式将最宝贵的课堂时间留给了学生与教师的互动，因此，将课堂时间利用好是翻转课堂模式成功的关键。只有让每一名同学都能真正积极主动地参与到翻转课堂的讨论中来，才能真正发挥翻转课堂的优势。

在教学形式上，笔者力求生动活泼，调动学生学习的积极性。笔者最初的教学实验中，在课堂上让学生主动将学习中发现的问题提出来，由教师回应，同学们参与讨论。后来发现，课堂上往往是少数积极好学的学生踊跃发言、提问，而大部分学生只是旁观这些同学和老师交流，未能真正融入讨论中。而如果学生不能参与到课堂讨论中来，就起不到翻转课堂应有的效果，反而不如传统授课方式收获大。为了更充分地激发学生参与课堂讨论的积极性，调动学生自主思考及解决问题的能力，笔者尝试利用翻转课堂中同伴教学法、辩论等方式，给学生锻炼的机会。经过摸索，笔者采用了以下方法，以调动全班所有同学积极参与讨论的热情，将每个教学班分为 A、B 两队进行对抗，以学生的好胜心为基础，激发学生的学习热情。又打乱寝室、学号等原有秩序，将每一队成员分为 5 组，每组随机分配 4 名到 5 名同学，每组推选 1 名组长，负责督促大家学习、读书、思考、准备提问、回应挑战，以及上课考勤。每一队推选 1 名总队长，负责统筹各小组，以及和助教老师联系。这样的条块分割便于督促同学学习。

根据翻转课堂的特性，同学们只有在课前完成基本知识的学习之后才好展开讨论。也为了培养学生的问题意识，在"后理论"时代养成独立思考的习惯，笔者要求每位同学至少准备 1 个问题，这样每个小组上课时就会有不少于 5 个问题，并按重要性排列。这样也便于筛选出更有意义的问题，将讨论尽量推向深处。

在课堂讨论环节，为了增加对战的气氛以及避免学生躲在角落游离于课堂讨论之外，笔者要求学生按两队分成两列对坐，各组也依次排开，并每周调换一次座位。通过以上安排，督促每位同学将课前学习落到实处，并且因为设定了战队，也激发起学生的好胜心，也让学生多了些积极性。而提问题、参与讨论是以小组为单位，也促使学生更深刻地体会到团队协作的重要性。

在教学内容上，基于后理论的启示，本课程除了知识的传授之外，更注重培养学生的批判性思维。"后理论"时代要求学生意识到各种理论有效性和有限性，对不同时代、不同地域、不同民族、不同文化的理论主张，不仅要认识其内涵，还要理解其所针对不同语境、不同问题。因此，让学生打破本质主义的思维模式、拓展视野、养成批判性思维就至关重要。在课堂环节中，讨论的多为开放性的问题，没有唯一的正确答案，通过启发式、探究式教学法，引导学生从多角度进行深入的思考和探讨，在交流中碰撞出思想的火花，形成自己的见解。

此外，在教学过程中随时根据学生的反馈进行调整。对于翻转课堂，最初会有部分学生不适应，尤其是习惯于背诵标准答案的学生来说，更觉得无所适从，甚至个别学生会产生畏难情绪。为此，在课堂讨论时，笔者也注意引导学生正确对待理论课，让学生意识到，"文学理论"作为文学研究的基础，的确更为抽象、更具普遍意义，刚刚接触时的确会感觉难一点，这是很正常的反应。但如果坚持下去，慢慢地就体会到学习这门课的乐趣，对于学习汉语言文学专业的其他课程也会大有帮助。而受过了良好的理论训练，日后即使并不从事文学理论方面的研究，也会受益终生。另外，为了鼓励学生，笔者也向学生展示法国中学会考试题，让学生看一看西方的中学生已经习惯了什么样的思维训练，比如文科、理科及音乐舞蹈专科都需要回答诸如"为什么人需要寻求认识自己？""阐释哲学家康德1795年著作《道德形而上学》中的选段"等深刻的问题，以激励已经读大学二年级的学生们，鼓励他们克服畏难情绪，端正学习态度，勇于接受挑战，从而积极地投入对理论的学习中。

对于刚上大二的学生而言，文学理论课与中文系的其他课程相比相对枯燥和困难，一上来就讨论"文学的本质——什么是文学"这些相对艰深和问题有些困难，容易引起学生的挫败感。因而，笔者将这一在知识结构和课程规定上应该为第一单元的教学内容，调到第二单元，先从"文学文本与文学形态"入手，通过诗人、小说家和理论家对于诗歌和小说等体裁的不同观念及立场的展示出讨论，让学生在感性经验的基础上慢慢进入本课程的学习，给学生更多的时间去阅读"文学的本质——什么是文学"这一单元中相对难度更大的文献。

针对许多学生反映的"文学理论太枯燥""很难懂""自主学习有困难"等情况，笔者也调整了课堂讲授与翻转课堂讨论的比重，每次在课堂上正式进行讨论之前，先将学习重点与难点快速串讲一遍，以便于学生把握主要知识脉络，也对翻转课堂的讨论部分有所提示。另外，结合文学理论知识的学习，增加了大量案例进行说明，以便于学生理解把握。比如在"批评范式转换及批评方法"这一教学环节之中，笔者提供了大量批评案例以说明各种批评方法的操作，让学生深入领会此种批评方法的侧重点及其关注角度、特定概念与方法，为日后撰写学年论文和毕业论文打好基础。在教学研讨对象的选择上，还着重选择学生较容易把握和产生共鸣的例子，比如，在"作者中心论批评范式"中提供了蓝棣之对钱锺书《围城》的症候式分析[1]，在"读者中心论批评范式"环节提供了日本学者藤井省三对鲁迅《故乡》阅读史的梳理[2]等。

在课堂安排和讨论中，笔者也注意把理论的学习和当下的文学实践、文学现象结合起来，让学生意识到文学理论不是死知识，而具有开放性和实践性，与当下的文化生活息息相关。比如，在"文学文本与文学形态·诗歌"这一教学单元中，除了讨论法国诗人瓦雷里"纯诗"观念等经典理论之外，还安排了曾引起较大争议的"梨花体""乌青体"诗歌以及人工智能"微软小冰"写诗等现象作为讨论对象，引起了学生的强烈兴趣与热烈讨论。

（三）课后考核：将翻转课堂效果落到实处

课程考核是对教学效果的检测，也是对学生学习的一种促进和引导。传统的教学方式以确切知识的讲授为主，以知识是否掌握作为考核重点的考试占较大比重。这种教学方式在一定程度上有助于学生对文学理论的基本概念、原理和方法的掌握，但也存在一定的局限性。随着后理论时代的来临，文学理论研究者越来越重视学生的批判性思维、问题意识以及独立思考的能力。因此，有必要采用更多元的考核手段，以适应"后理论"时代的需要，以培养出既具备扎实的文学理论基础又具有强烈创新精神和实践能力的学生。

对于翻转课堂而言，学生的自主学习和讨论是重要环节，因此，相对于此前的考核方式，增加了自主学习和讨论环节的考核。在笔者的教学实验中，这一部分成绩包括翻转课堂教学平台学习数据，根据访问量、任务点（课件

---

[1] 蓝棣之. 现代文学经典：症候式分析[M]. 北京：清华大学出版社，1998.
[2] 藤井省三. 鲁迅《故乡》阅读史：现代中国的文学空间[M]. 董炳月，译. 南京：南京大学出版社，2013.

学习、视频观看、文献阅读等）完成情况和在线时间等后台数据得出，占总成绩的 20%；学生课前提问及课堂讨论情况占 15%。

此外，考核环节结合翻转课堂激发学生自主性学习的特性，也取消了以往的闭卷期末考试，改为提交课程作业。除了上面提到的两部入门书的读书笔记之外，其他三次作业也各有侧重。比如作业题"细读某部（篇）文学理论文献，简要概述其主要思路及其观点，并就某一章节、段落中涉及的文学理论的问题展开讨论"意在培养学生准确把握理论文献的能力，正确地理解别人的观点是进行学术讨论的前提；作业题"就某个问题梳理相关理论家的论述，并试着分析其理由，进而谈一谈自己的理解"中，所给出的问题都是历来文学理论家反复讨论的基本问题，也没有唯一的正确答案。通过督促学生就某个问题去查找资料，加深理解，并尝试谈出自己的见解，培养学生查找文献和独立思考的能力。文学批评实践作业则以笔者为学生精心选择的新近的优秀短篇作品为对象，让学生尝试运用学到的文学批评方法进行批评实践，培养学生文本解读和批评实践的能力。

在教学实践中，笔者也根据教学情况与学生反馈对作业进行调整。比如，针对学生还不了解学术规范、缺少参考文献意识的情况，笔者对上面第二个作业题做了调整，分为两部分，并对第一部分摘录进行了格式要求，提供了作业模板。通过让学生独立完成这些作业，较为有效地促进了学生对文学理论的学习，锻炼了学生阅读文献的能力，也让学生掌握基本的学术规范，对于培养学生的问题意识有所助益。

此外，为了弥补采用翻转课堂模式可能会让部分学生忽略知识学习的情形，笔者与助教一起为学生整理了教材的主要知识点，制作了自测题与参考答案，放在翻转课堂的学习平台上，供学生随时检测自己对基础知识的掌握情况。

总之，翻转课堂从以考试为主的单一的考核方式向多元、综合性的考核方式转变，将考查范围扩大到课前线上学习、分组准备、课堂研讨、课后论文实践等方面，不仅考查学生对基础知识的掌握，而且对学生的综合能力进行考核，相对较好地响应了"后理论"时代的要求。

结　语

尽管翻转课堂教学模式风靡全球，但将它运用到大学"文学理论"课程上相对来说还不普遍。如何结合课程的特点，针对学生的实际情况进行优化，以取得最好的教学效果，笔者一直在摸索。除了鼓励学生在教学平台、课堂讨论等各个环节及时反馈外，笔者还通过"问卷星"等网络问卷平台就翻转课堂教学效果发放问卷，让选课学生匿名反馈意见、建议，以了解学生真实的学习情况。问卷调查结果显示，翻转课堂教学模式相对传统教学模式，在激发学生积极性、促进学生学习方面取得了明显的成效。比如"想参与讨论和主动参与讨论"的比例达到83%，认为"内容恰当、合理，非常感兴趣，能够主动参与互动交流"和"内容针对性强，能够积极思考，在理解基础上掌握知识"占84.06%，认为与传统课堂教学相比，翻转课堂的学习效果是"有利于知识掌握得更加长久"的占24.64%，认为"能够学到更多东西"占40.58%，认为"能够更有针对性地解决问题"的占60.87%。与传统课堂教学相比，非常有利或比较有利于自学能力的培养和提高的占65%。认为翻转课堂非常有利或比较有利于分析和解决问题能力的培养和提高的占57.5%。感觉思辨能力有所提升的占81.16%，认为学术视野有所拓展占84.06%，通过本课程作业训练，对学术规范有所了解的占95.65%，所做作业促进对本课程知识的理解和运用的占82.61%[①]。

总体而言，在"后理论"时代，采用"翻转课堂"模式进行"文学理论"课程教学，更有利于学生理解杂糅共生、复杂多元的理论形态，也有利于学生在相对开阔的视野中培养问题意识以及独立思考的能力。

当然，笔者还是感到有一些需要改进的地方。比如，翻转课堂相比传统教学方式，对学生的学习的主动性要求较高。那些兴趣不大的学生不能按时完成相关学习，就不能获得更有针对性的指点，可能收获不大。与此相关，翻转课堂更适合小班教学，选课人数多时，虽然课堂上讨论热烈，但由于时间限制，不能让每一位同学都获得充足的发言机会，这也是一种遗憾。此外，

---

① 本数据出自《西南交通大学"翻转课堂"课程改革项目结题报告·文学理论》(2017)。

笔者注意把握教学内容的深度，不能过于艰深，挫伤学生的热情；又不能过于轻松，把理论知识过于娱乐化，让学生只顾轻松而无真正收获。尽管如此，也有部分同学反映，本课程的教学资源"太多""偏多"，作业"太难""偏难"。如何在调动大部分同学学习热情的基础上，既保证课程质量又不挫伤个别学生学习的积极性，也需要笔者在日后继续探索与改善。

作为一种美育实践的高校抗战历史剧

周珉佳

【提　要】大学生既是文化的传承者、弘扬者，又是文化的创新者和实践者，青年大学生肩负着讲好中国故事、传承优秀文化、继承民族精神的文化使命。因此，以文化育人为目标、以创作抗日战争历史题材话剧为手段进行高校思想政治教育是极富战略意义的。高校师生创作抗战历史话剧，既是高校美育实践的重要机会，也是检验当代大学生历史观的一次大练兵。高校抗战历史剧的美育实践与文化育人的功能和成绩在逐步显现，然而，从宏观角度看，全国范围内的高校剧社在处理抗日战争历史题材的话剧时存在一些共性的问题。本文将对高校抗战历史话剧的地域性美学风格和亟待解决的问题加以论述，从而进一步强调抗战历史剧作为高校思政教育和文化建设的新内容所具有的思想价值、艺术价值和应用研究价值。

【关键词】高校抗战历史剧；美育实践；文化育人

　　对于剧作家来说，历史就是一种强大的、真实的创作动机，剧作家能够通过创作历史剧表达深刻的哲学寓意和现实价值。对于现代高校来说，站在当代文化的高度观照历史，用一种现代意识对历史题材进行艺术淬炼，创作古今汇通的历史剧，创作动机也是极富有现实意义的——这既是高校美育实践的重要机会，也是检验当代大学生历史观的一次大练兵。

　　从宏观的社会历史区段来说，大学生创作者较为集中地选择了抗日战争历史时期进行叙事。艰苦卓绝的抗日战争留给中华民族的历史记忆是难以忘也不应忘却的，70多年来承载这一沉重"历史记忆"的抗战题材文艺作品层出不穷，构成我国现当代文艺大观的重要组成部分。除了铭记历史，抗日战争题材文艺作品也成为展示民族形象、传播民族文化传统意识的绝佳载体，因此，表现艰苦卓绝的全民抗日战争也是高校原创话剧的一大重要生长点。

一、高校抗战历史剧的地域性

抗日战争举国齐心，但是不同省份及区域的抗日形式、抗日氛围及抗日文化存在比较大的差异，其中融入了当地的民族文化特征和区域人文性格，凸显出极具地方色彩的文化景观。东北的历史文化并不算悠久，与国内颇具影响力的齐鲁文化、吴越文化、巴蜀文化、岭南文化、三秦文化等相比，东北地域文化无论是传统历史时长、自身发展积累还是文化艺术形态、文化艺术作品和研究成果等，都显示出明显的单薄和滞后。尤其是在近代不断遭受战争的影响，现代性发展受阻，再加上地理位置较为偏远闭塞，东北地域艺术文化的表现题材有一定的局限性。因此，通过创作校园戏剧的方式展现东北近现代特殊的历史图景，能够对东北地方文化历史的传播注入一剂强心针。吉林艺术学院戏剧影视学院的导演系主任陈晓峰就是看准了东北历史和地域文化的突出风格，与职业编剧何苦合作，创作并导演了《南门客栈》这部校园话剧。陈晓峰说："我们希望做一个全新的抗战题材剧目，东北民众的质朴幽默为我们提供了灵感，用喜剧的手段，从不同角度展现那段历史，然后给观众带来更深层的思考。"[1]《南门客栈》张扬起东北文化旺盛的生命力，将喜剧文化对大众的亲民性和东北地域文化中深沉冷静的一面结合起来，生成了颇具东北历史文化气息的风格体征。这部抗战题材校园喜剧，不仅对青年学生有极大的吸引力，还能够让观众在欢乐之余产生对这段抗日历史的思考。

这部话剧从幕起，编剧就将20世纪80年代东北话剧（《田野又是青纱帐》《庄稼院里》《榆树屯风情》《大荒野》《北京往北是北大荒》等）中的经

---

[1] 金仁顺. 陈晓峰和他的戏剧性[N]. 新文化报，2018-06-10（A06）.

典意象运用进来——风雪、老树、群山、寒冬……令观众身临其境地感受东北的民风和民俗。人物台词中囊括的地方特产、自然景观、文化遗产，承载着东北人对地域文化的认同，反映了东北人独特的生活方式、行为规范、言语表达习惯、伦理道德表达方式等，呈现出创作者的文化自信和生活经验。[①]同时，主人公叶娜兰和胡两刀二人转式的对话展示了当时东北地区的复杂甚至有些惨烈的历史大背景——"长春早改名叫新京了啊，溥仪那小子，啊不，康德皇上都登基坐殿好几年了。大清国完了，是气数尽了，找日本人当爹算什么玩意？""不是鬼子杀人放火，就是胡子打家劫舍。"话剧《南门客栈》虽然表现的是伪满洲国东北抗联时期形形色色的小人物，但是每个人物都背负了一段特殊的过往。编剧何苦说，"这是一个用很欢乐的形式展现一个很宏大很悲观的主题，这是我们想做到的一个审美情绪。虽然这个主题是很宏大很沉重的，我们仍希望用这一种不同的方式来表达。"因此，《南门客栈》对戏剧结构和戏剧节奏提出了更高的要求。它的戏剧矛盾也是复调式的——家国相连，有国才有家，有情更有义。关东浪、一丈红共同经营一脉胡子，情深意重，二人是为了与东北抗联组织接头才来到南门客栈。而关东浪与南门客栈女老板叶娜兰是娃娃亲，叶娜兰十几年来孑然一身不接受其他人的感情，也是为了等待与关东浪重逢。叶娜兰的痴情使这个四角情感线绵密感人。厨子胡两刀对叶娜兰痴心一片，只为付出不求回报。再加上保安队队长赵大嘎子对叶娜兰垂涎已久，共同形成了《南门客栈》充满了喜感和动人的情感线。这种借助于情感线索表现宏大历史战争的手法借鉴了电视剧《闯关东》和《二炮手》，同田沁鑫导演的话剧《生死场》也有异曲同工之妙。

东北抗日联军是一支伟大的英雄"部队"，他们在十四年的时间里，艰苦抗击了数十万日伪正规军，有力地支援了全国范围内的抗日战争。《南门客栈》这部话剧一方面用具有东北特色的喜剧风格展现了东北民众质朴、机敏而幽默的独特性格；另一方面也用这种风格基调彰显了千千万万东北民众面对民族存亡的大无畏气概。那种举重若轻的家国情怀和态度就是这部国家

---

① 周珉佳，张航."老树"与"土地"：关东话剧中的两种乡村意象[J]. 华夏文化论坛，2012（2）：331-335.

艺术基金扶持项目的真正价值所在。这部既表达了"意义"又有"意思"的剧作，在表现小人物方面有突出的成绩，每一个人物身上都有独特的性格特色。对这样一部现实主义剧作，陈晓峰导演运用了传统舞台手法，力图让故事以朴素直白的面貌呈现出来，只在最后一幕最后一场借用了电影里面的慢放，帮助剧目最终高潮的完成。尽管东北地域文化与大众文化产生愈来愈多的交集，但是专属于东北的历史文化是带有传承性的，在这种情况下，东北地区的校园社团原创话剧就承担起重返历史，重现历史，重新诠释红色题材的重大责任。

厦门理工学院"厦理巴人"话剧社的原创话剧《陪楼》也是一部表现抗日战争历史的作品。作品充满了浓厚的闽地风情，将厦门鼓浪屿的特殊风情和历史有机地融合进去。编剧袁雅琴在竭力宣传鼓浪屿历史文化的同时，也大力传播了抗战文学中的民族意识。中国人民抗日战争的过程是艰难、惨烈和充满曲折的，民族意识的觉醒则是迟缓滞涩的，其中经历背叛、流血、死亡与涅槃重生，因此，中国人的民族意识是在被侵略、被欺侮、被损害、被迫觉醒的历史过程中逐渐建立起来的，具有程度不统一、节奏不一致的特点。

当然，其中还有人性的作用力。人性有善的一面，也有恶的一面，极善和极恶都是在特定环境的刺激下产生的。电影《拯救大兵瑞恩》《金陵十三钗》都是描写战争绝境中的人性之光，而《陪楼》的主旨也有类似的意义，都是表现小人物在大时代中的生存状态，夹杂着情感、矛盾与正义，最终用小小的光焰点亮更广阔的黑暗之地。在《陪楼》中，龙家老太爷不畏日本人的威胁，怒火冲天地高喊："我死后变成岳武穆、戚少保，领天兵天将来杀尽倭寇！日本鬼子，我来了！"说完冲出去一头撞柱而死。龙老太爷代表了抗战中的一众小人物，他们为了自我尊严而拒绝苟且偷生，更是为了民族同胞而牺牲自我，生命的价值在特定的瞬间升华。在不可想象的混乱和动荡中，人性的遮蔽外衣全都被扒掉，呈现出最真实的精神世界和价值观，也是中国人在抗战中民族意识的最直接体现。

主人公阿秀本是一个连"民族意识"为何物都不知的底层婢女，她在一系列事件中成长为一个民族意识突出的人物，她对待战争的态度夹杂着对龙家的报恩、对二龙的爱情、对地瓜的鄙视以及对日本人的痛恨。作家在阿秀的成长中传播着爱国主义精神和民族意识，并且以阿秀为中心点辐射出更广阔的人物景观，各个人物都呈现出个性和立场：龙博山、阿敢叔和二龙都为抗日战争贡献出了自己的力量；日本人攻占厦门，鼓浪屿这个不足2平方千米的小岛一时间涌入了11万难民，龙家拿出衣物粮食支援难民，甚至连凤海堂的陪楼都成为难民营避难所，龙家几代人都以抗日为己任；地瓜成为汉奸，阿秀视其为渣滓和忘恩负义的败类……袁雅琴将最激烈的情节矛盾和最惨烈的现实都集中在凤海堂龙家，十分符合戏剧舞台的要求，更能够凸显民族大义和小人物之间的密切关系。在国泰民安的今天，回顾这段抗战历史，青年学生会有更深刻的理解和认识。

《陪楼》这部戏也呈现出十分浓郁的闽南特色。1903年后，鼓浪屿沦为公共租界，它的沦陷和中国民众的抗战不同于其他沦陷区，再加上鼓浪屿是个相对封闭的小岛屿，它独有的自然条件和文化传承使其在抗战历史中表现出更具个性的方面。鼓浪屿在2017年申遗成功，其历史文化价值引起了更多人的关注。袁雅琴书写鼓浪屿的历史，既表现了她的文人自觉，又体现了当代作家的文化自信。闽南是一个地域风格十分鲜明的区域，建筑艺术风格便是其中之一。小说中，龙家是搞地产的侨商，在鼓浪屿小岛上建别墅。"凤海堂"有一种中西文化交融的诗意与豪迈，既渲染闽南特色，又张扬东南亚、欧洲风情，更能体现出居住者对于美学的感悟力和格调品位。鼓浪屿曾经的公共租界是如何形成的，小岛上的人们最终走向何方——这段沧桑的历史在《陪楼》这部校园话剧中被重新言说。鼓浪屿已不是一个简单的地名符号，它已升华为诗人的扁舟、琴者的圣地、行客的天堂，而《陪楼》在作者细腻的文字里铺染开温婉的鼓浪屿情调，同时揭示了沦陷时的动荡不安和抗战年代的狂风暴雨。

"厦理巴人"学生话剧社有意将宏观的大精神和大理念具象为一个个形象的小故事，将传播历史文化这样的大工程分解成一个个有效的分子，从小处着手服务于地方文化发展与宣传。经过排练与演出《陪楼》，学生对剧本所表现的时代了解与感悟得更为深刻，对人物性格的揣摩更为真切，对闽南文化的认识更为详尽。

二、高校抗战历史剧的共性问题

尽管上述几部作品的创作和演出都较为成功，但是从宏观角度看，全国范围内的高校剧社在处理抗日战争历史题材的话剧时存在一些共性的问题。

首先，高校剧社因创作经验有限，创作目的性又太强，创作思路的局限性比较大，尚未从民族矛盾升华至伦理人性层面，所以剧中人物形象的塑造较为公式化、概念化、脸谱化。

其次，对战争的影响挖掘不全面。早在20世纪40年代，为了直观表达战争所激发的民族危机意识和爱国主义情感，控诉日寇的凶残与丑恶，中国作家纷纷投入战时文学的创作洪流中去。战时小说集中反映了中国人民在抗日斗争中表现出来的不屈不挠的精神以及英雄主义，激发鼓舞中国民众的抗日热情。新中国成立之后，十七年抗战小说歌颂和怀念曾经的国家英雄，缅怀牺牲的战友和同胞，歌颂战争的伟大，强调政党领导的正确性。进入新时期，抗战小说延续了以上两个阶段的忧患意识和民族责任感，着重呈现人物复杂性和事件多面性。从80年代中后期开始，抗战文学出现了来自民间的人物形象和解构的图景，如莫言的《红高粱》等。而在历史剧领域，无论是20世纪40年代国统区的历史剧创作潮流以及著名的重庆"雾季公演"，还是十七年和"文化大革命"时期的几部革命历史题材样板戏，矛盾意识都是围绕着"战"与"不战"。但是，如果将视野投向中西方战争文学的对比研究，就会发现，海明威《永别了！武器》、肖洛霍夫《静静的顿河》、列夫·托尔斯泰《战争与和平》、大冈升平《野火》、本哈德·施林克《朗读者》等战争历史题材作品，都明确地宣扬了反战意识。世界经典战争文学最有价值的部分正是在于其明确的反战态度和对人性本身的思考，以及对战后永久性伤害的描写。战争对人的伤害并不会在战争结束时停止，它对人的精神压迫、对国家民族的历史记忆都有长久的影响。国内的抗战文艺作品比较专注于描写战争历史现场，而对于后续的、外部的、潜在的战争影响则挖掘得很不充分，对于民族文化的辐射思考比较欠缺，对人性的终极关怀也往往浮于表面。

如果国内高校历史剧能够在创作中与世界经典战争文学形成对话，便可以进入更为开放的交流空间。1939年年底，德国最负盛名的戏剧家布莱希特因战争流亡瑞典，其间创作了《大胆妈妈和她的孩子们》这部作品。这是一部具有鲜明反战意识的剧作，同样描写战争和历史，布莱希特却并没有描写正面战场，也没有直观表现血腥、暴力与死亡，而是通过一个妄图发国难财的女人来斥责战争。国内高校抗战历史剧可以学习和借鉴《大胆妈妈和她的孩子们》的叙述视角和书写方式，使创作不止步于给观众还原一个完整真实的抗战历史现场，也可增加浪漫主义、怪诞现实主义、后现代主义等西方文艺思潮的表达。

最后，高校剧社对宏大历史叙事的舞台驾驭能力还有待加强，对剧场性的理解方式也可以更加多元化。现实主义的还原和浪漫主义的写意应同时运用起来，这样才有可能完整表现抗日战争的时代背景。同时，校园剧社因受众群体的特殊性，应该尽量调整对"战争伤害"的表现手法。情感的输出方式有很多，而不局限于用近乎自然主义的写法描写血腥、暴力和死亡等伤害场面。刺激视觉和听觉等感官而形成的情绪是最为初级的，也是十分短暂的。情感输出方式应有更多变化，甚至是陌生化。剧场舞台设置如果富有象征意味，就可以通过某种特定的具体形象表现或者暗示某种观念、哲理或情感，甚至可以通过意识流等先锋手段辅佐完成戏剧的主旨表达。